Hackers

Au cœur de la résistance numérique

AU DIABLE VAUVERT

Amaelle Guiton

Hackers

Au cœur de la résistance numérique

ISBN : 978-2-84626-501-0

Au diable vauvert
www.audiable.com
La Laune 30600 Vauvert

Catalogue sur demande
contact@audiable.com

À ma mère,
« bidouilleuse » qui s'ignore.

Aux bons virus,
et à ceux qui les transmettent.

Introduction

Le changement, c'est maintenant

« Vous avez une peur panique de vos propres enfants, car ils sont nés dans un monde où vous serez à jamais immigrants. [...] Nous allons nous disperser partout sur la planète, de manière que personne ne puisse arrêter nos idées. »

John Perry BARLOW,
« Déclaration d'indépendance du cyberespace[1] »

---

1. Poète, essayiste et militant, John Perry Barlow est l'un des cofondateurs de l'EFF (Electronic Frontier Foundation), organisation américaine de défense des libertés numériques. Sa fameuse « Déclaration d'indépendance du cyberespace » a été rédigée à Davos – siège du Forum économique mondial ! – et publiée en 1996. Tous les exergues de ce livre sont tirés de la traduction française disponible sur le site Reflets : [reflets.info/john-perry-barlow-et-sa-declaration-dindependance-du-cyberespace].

D'abord il y eut deux visages, deux visages qui disaient que le monde avait changé.

Sous ses mèches peroxydées, le visage anguleux de Julian Assange, le fondateur du site WikiLeaks[2], en gros plan à l'ouverture des journaux télévisés. « Julian contre l'Amérique » ! Les vilains petits secrets des guerres soudain mis à nu et dévoilés sur la place publique. Feu d'artifice, entre avril et novembre 2010 : la vidéo du « meurtre collatéral[3] » d'une douzaine de civils et de deux photographes de l'agence Reuters, abattus par un hélicoptère Apache à Bagdad au mois de février ; 91 000 documents militaires secrets à propos de

2. [wikileaks.org].
3. Vidéo toujours disponible en ligne : [www.collateralmurder.com].

la guerre en Afghanistan ; pas loin de 400 000 concernant la guerre en Irak ; enfin, le *Cablegate* des 250 000 « télégrammes diplomatiques » américains[4], ces mémos confidentiels échangés entre les missions diplomatiques et le département d'État.

Une poignée de surdoués de l'informatique pouvait donc accéder à une quantité astronomique de documents classés « Confidentiel-Défense », et décider de les livrer au public ou de confier leur exploitation à des partenaires triés sur le volet. Pour les gouvernements, pour les médias, pour les citoyens, il y aurait un avant et un après. Un après que ni l'arrestation du jeune soldat Bradley Manning, la source présumée des fuites, ni les pressions financières sur WikiLeaks, ni les déboires judiciaires d'Assange, accusé d'agression sexuelle par la justice suédoise, ne suffiraient à juguler.

Autre visage, barré de fines moustaches, souriant sous ses pommettes roses : celui de Guy Fawkes, un des principaux protagonistes de la « Conspiration

4. D'abord diffusés au compte-gouttes, les câbles diplomatiques ont été intégralement publiés en septembre 2011. Pour un récit détaillé des « fuites » de WikiLeaks, voir notamment *La Véritable Histoire de WikiLeaks* d'Olivier Tesquet, Owni Éditions.

des poudres[5] » menée contre le roi protestant Jacques Ier et le Parlement britannique en 1605, pour protester contre la répression du catholicisme[6]. Ou plutôt un masque, celui de V, son avatar dans la bande dessinée *V pour Vendetta* d'Alan Moore et David Lloyd. Visage répliqué à l'infini, sur la Toile puis, de plus en plus, dans les rues.

Une bonne blague d'Internet peu à peu montée en graine. Anonymous sur tous les fronts : la lutte contre la scientologie, le soutien à WikiLeaks, l'aide aux dissidents des printemps arabes, le coup de main donné au mouvement Occupy aux États-Unis, la protestation contre la fermeture du site de téléchargement MegaUpload, les manifestations contre le projet de traité européen anticontrefaçon ACTA, le soutien au « Printemps érable » des étudiants québécois… Anonymous partout, on n'était plus tranquille nulle part.

Deux visages qui disaient que le monde avait changé. Et des mots, des expressions qu'on entendait de plus en plus, au-delà du petit microcosme

5. *Gunpowder Plot* : tentative d'attentat visant à faire sauter la Chambre des Lords.

6. Guy Fawkes fut arrêté et exécuté le 31 janvier 1606.

des « geeks barbus » : hackers, hacktivistes, libertés numériques, neutralité du Net…

Et c'est vrai que le monde avait changé. À tous points de vue.

WikiLeaks, Anonymous, c'était Internet investissant, de manière plus significative que jamais, le politique. Mais de son côté, le politique avait, très significativement, investi le réseau.

Dans les démocraties, il l'avait fait par des lois, des dispositifs de contrôle, des verrous numériques ; tantôt au nom de la sécurité, tantôt au nom de la protection des industries culturelles. Sans toujours se soucier des coups de canif « collatéraux » donnés aux libertés individuelles.

Ailleurs, on pouvait aller, on était allé jusqu'à la censure et à la surveillance généralisées. En Iran, en Chine, en Tunisie… En Égypte, en guise de baroud d'honneur, Hosni Moubarak avait purement et simplement « coupé la ligne ». Quant au régime de Bachar el-Assad, il ne cessait de tenir ses citoyens sous *monitoring* permanent.

Les technologies connaissant moins de frontières que les droits humains, on apprenait à la mi-2011, grâce au travail de quelques journalistes hackers, relayé notamment par le *Wall Street Journal*, que l'entreprise Amesys, filiale du groupe français Bull, avait vendu à la Libye du colonel Kadhafi de quoi surveiller l'ensemble des communications du pays sur Internet, mobile et satellite[7]. Un système nommé Eagle, livré avec service après-vente. En mars 2012, Bull annonçait vouloir se séparer de la division d'Amesys commercialisant Eagle, officiellement trop peu « stratégique » pour son cœur de métier. Ce qui fut fait… mais en famille[8]. Une information judiciaire pour complicité d'actes de torture est toujours ouverte à l'encontre d'Amesys – dont l'ancien PDG, Philippe Vannier, est depuis mai 2010 le patron de Bull…

Internet, extension du domaine de la lutte.

---

7. Voir à ce sujet les dossiers des sites d'informations Reflets et Owni, le livre de Jean-Marc MANACH *Au pays de Candy*, Owni Éditions, ainsi que le documentaire *Traqués !* de Paul MOREIRA, diffusé sur Canal + en mars 2012.

8. Voir Jean-Marc MANACH, « Le PDG de Bull se plante un couteau dans le dos », Bug Brother, 3 février 2013 [bugbrother.blog.lemonde.fr/2013/02/02/le-pdg-de-bull-se-plante-un-couteau-dans-le-dos].

Oui, le monde avait changé. Et ils se mettaient à pousser comme des champignons, les défenseurs de la liberté de communiquer, de la liberté d'informer, de la liberté de partager, de l'échange des savoirs, de la transparence des données publiques, de la protection de la vie privée. Génération spontanée ? Pas vraiment. En réalité, ils étaient là depuis longtemps. Simplement, ils devenaient soudain plus visibles, plus audibles, plus nombreux peut-être, plus « vendeurs » sans doute. Plus indispensables.

Il y avait ceux qui apprenaient aux cyberdissidents comment protéger leurs communications en ligne. Ceux qui montaient des fournisseurs associatifs d'accès à Internet. Ceux qui fabriquaient des imprimantes 3D. Ceux qui décortiquaient des projets de loi et faisaient le siège des bureaux des parlementaires. Ceux qui reprogrammaient de vieilles machines à tricoter. Ceux qui tournaient des vidéos d'agit-prop. Ceux qui formaient des journalistes aux techniques numériques de protection des sources. Ceux qui « ravalaient la façade » de sites gouvernementaux. Ceux qui voulaient faire communiquer les bateaux. Ceux qui rêvaient d'envoyer un hacker dans l'espace. Ceux qui faisaient de la politique.

Une multitude de groupes. Une multitude de modalités d'action. Une multitude de points de vue, parfois divergents.

Certains se disaient *hackers* et d'autres non. Certains se disaient *hacktivistes* et d'autres pas. Certains se disaient tout simplement citoyens.

Alors, on a voulu comprendre.

Comprendre qui ils sont. Ce qu'ils font. Comment. Pourquoi. Où ça va.

On a voulu les rencontrer, leur donner la parole. Contrairement à un cliché tenace, ce ne fut pas bien compliqué.

On les a écoutés, *away from keyboard* comme ils disent, loin du clavier, autour d'un café, d'une bière ou d'un Club-Mate, la « boisson des hackers[9] ».

9. Cette boisson gazeuse sans alcool, faite à partir de feuilles de *yerba maté* et très chargée en caféine, est fabriquée en Allemagne depuis... 1924. Elle doit sa renommée parmi les hackers à sa consommation intensive par les membres du principal groupe de hackers au monde, le Chaos Computer Club de Berlin.

On a poussé la porte des hackerspaces, ces espaces autogérés de travail et d'échange qui poussent, eux aussi, comme des champignons. Et puis on a longuement discuté en ligne, de petits mots sur Twitter en longs échanges sur IRC[10], en passant par des e-mails chiffrés.

On a voulu savoir ce que hacker veut dire. Dans la France d'Hadopi et des débats sur « la culture à l'ère du numérique ». Dans la Tunisie post-Ben Ali, où il s'agit désormais d'inventer la démocratie après des décennies de répression et de censure. Dans cette Allemagne où les hackers sont aujourd'hui consultés par les plus hautes autorités. Mais aussi en Suède, où l'on a redécoupé dans la Toile le drapeau pirate, dans l'Égypte en reconstruction, la Syrie suppliciée, ou encore à Cambridge, Massachusetts, où vit un barbu aux airs débonnaires de père Noël, fraîchement sexagénaire, grand amateur de danses

10. L'IRC *(Internet Relay Chat)* est un protocole de communication en ligne. Les utilisateurs se connectent à un serveur, ce qui leur permet de rejoindre des « salons de discussion » ou *chans,* publics, ou bien de communiquer entre eux de manière privée. L'IRC date de 1988 : vingt-cinq ans après sa création, ce « vieux » protocole reste le mode de coordination favori des hacktivistes !

bretonnes et raide comme la justice dès qu'il s'agit de libertés numériques.

On aurait pu continuer longtemps. On aurait pu ne jamais s'arrêter. On a exploré quelques morceaux, quelques réseaux, d'un espace où tout circule en permanence. Les informations, les idées, les œuvres, les compétences, les techniques. Pas de hiérarchie, pas de frontières, pas de direction imposée. Pas de coupure entre le « virtuel » et le « réel ». Un espace où ça débat, où ça s'engueule, où ça travaille ensemble. Un espace où tout semble possible. Un espace où David peut résister à Goliath, en lui montrant ses fesses.

Un espace dont les portes sont grandes ouvertes.
Un espace dans lequel nous sommes déjà, quand bien même nous n'en aurions pas conscience.

Oui, le monde avait changé.
Et ce n'était qu'un début.

Chapitre 1

Ce que hacker veut dire

« Vous ne connaissez ni notre culture, ni notre éthique, ni les codes non écrits qui ordonnent déjà notre société mieux que ne pourrait le faire n'importe lequel des règlements que vous prétendez nous imposer[11]. »

11. John Perry Barlow, « Déclaration d'indépendance du cyberespace », 1996. Voir introduction, « Le changement, c'est maintenant ».

Cette conversation, au printemps 2012 :

« J'ai envie d'écrire un bouquin sur les hackers.

– Sérieusement ? Les types qui piratent des numéros de carte bleue ? »

Il fallait se rendre à l'évidence : on n'était pas rendus.

C'est le raccourci classique – et désespérant – du « reportage à sensation » : *hacker* égale *pirate informatique.* Certes, des pirates informatiques, il y en a – comme il existe, dans tous les secteurs, des escrocs, des gens qui « piquent dans la caisse ». Et qui pour autant ne jettent pas l'opprobre sur toute leur profession. Les hackers, eux, doivent depuis des années composer avec cette image négative auprès du grand public et subir cette confusion permanente.

Changer de focale est pourtant aussi simple que d'ouvrir un moteur de recherche dans un navigateur web, de taper le mot « hacker » et de cliquer sur le premier résultat qui se présente sous le pointeur de la souris : « Dans son sens général, un hacker est quelqu'un qui aime comprendre le fonctionnement d'un mécanisme, afin de pouvoir le bidouiller pour le détourner de son fonctionnement originel[12]. »

Comprendre. Bidouiller. Détourner. Voilà, résumé en trois mots, ce que hacker veut dire.

Mon oncle, un fameux bricoleur…

Rares sont les hackers qui, lorsqu'on leur demande de définir un *hack*, font directement référence à l'outil informatique. Écoutons Numendil, 26 ans, « pixel sur la toile des intertubes », comme il se définit lui-même : « J'aime bien prendre l'exemple des baguettes chinoises. *A priori*, ça sert à manger. Si tu en fais un truc pour tenir une lampe, tu les détournes de leur finalité d'origine. Eh bien voilà, tu as hacké une paire de baguettes chinoises. »

Voilà pour l'image. Quant à la conformation d'esprit qui peut pousser à considérer qu'une paire

12. Source Wikipédia (tout simplement).

de baguettes sera mieux employée à tenir une ampoule qu'à boulotter des sushis, elle est ainsi synthétisée par Ijon, l'un des piliers de C-base[13], le célèbre hackerspace berlinois déguisé en station spatiale : « Quand il voit un objet qu'il ne connaît pas, un hacker ne se demande pas : qu'est-ce que c'est ? La question qu'il se pose, c'est : qu'est-ce que je peux faire avec ça ? »

Le hack, c'est d'abord une démarche. Tous le disent. Et s'y accrochent. Partie la fleur au fusil avec des dizaines de questions sur les formes d'organisation des hackers, la surveillance du réseau, la cryptographie ou le partage de fichiers, me voilà prestement remise dans le droit chemin, tel un jeune *Padawan* – l'apprenti Jedi de la saga *Star Wars*[14] – sur la route de la connaissance. Voici ce que m'écrit KheOps, un grand blond de 27 ans au visage angélique qui a

13. [www.c-base.org].

14. Quand bien même les références à *La Guerre des Étoiles* de George Lucas seraient, au final, peut-être moins prégnantes dans la culture hacker que *Le Guide du voyageur galactique* de Douglas Adams… On a même rencontré des hackers qui n'avaient jamais vu un seul épisode de *Star Wars.* Voilà pour le cliché du geek qui sort son sabre laser le soir au fond des bois !

initié les actions du *cluster*[15] Telecomix[16] en soutien aux dissidents syriens, lors de nos premiers échanges d'e-mails : « Personnellement, mon approche consisterait à extraire les hackers de la case "hacker", et surtout d'en tirer la façon de faire, de penser, que chacun peut appliquer dans divers domaines, pour agir sur la société. Pour moi, c'est un point-clé pour espérer inspirer les gens. »

Façon de faire, façon de penser, fécondes en tout temps et en tout lieu. Pour un hacker, nous sommes tous, potentiellement, des hackers. D'ailleurs – on y reviendra – il ne rêve que de ça. En attendant, il pense qu'on peut tout hacker : la cuisine, la mode, les voitures… Et il voit des hackers partout. Quand bien même ils l'ignoreraient, tels des MM. Jourdain de la bidouille. C'est Élodie, traductrice hacktiviste, qui citera

15. En informatique, un *cluster* est une « grappe » de serveurs. Les hackers et les hacktivistes ont repris le terme pour désigner des « grappes » humaines, tant il est vrai que ces groupes aux contours extrêmement flous et à la composition perpétuellement changeante peuvent difficilement être appelés « collectifs » au sens où on l'entend habituellement. Voir chapitre 5, « Du bazar dans les cathédrales ».
16. [telecomix.org].

en exemple son papa, qui passe son temps à tout démonter. C'est DoNcK, habitué du hackerspace de Rennes, qui ravivera le souvenir d'un grand-père mineur passionné de bricole. C'est Hauke Gierow, spécialiste des nouveaux médias chez Reporter Ohne Grenzen, la branche allemande de Reporters sans frontières, qui fera un hacker de votre propre grand-mère, « si une fois dans sa vie elle a fait un usage créatif d'une technique pour régler un problème ».

« J'ai le souvenir de mes oncles, dans leur garage, qui bidouillaient un compresseur, raconte Julien Rabier, le jeune président d'Ilico[17], fournisseur associatif d'accès à Internet en Corrèze. Ils avaient fabriqué un outil qui leur servait tous les jours. Il y a toujours eu des gens pour améliorer la technologie, sans qu'on les appelle "hackers". Et il y en a toujours, partout dans le monde, pour contourner les limitations arbitraires qu'on leur impose. C'est un état d'esprit qui consiste à contrôler la technologie, plutôt que de se laisser contrôler par elle. »

Tous les bricoleurs sont-ils des hackers, au sens le plus générique du terme ? Après tout pourquoi pas, s'ils *comprennent*, *bidouillent* et *détournent*. Au

17. [www.ilico.fr].

néophyte, ou *newbie*[18], on racontera ainsi l'édifiante histoire de John Draper, alias Captain Crunch. L'homme qui, à l'aide d'un sifflet pour enfant distribué dans les boîtes de céréales Cap'n Crunch de Quaker Oats, découvrit en 1969 comment pirater les lignes téléphoniques longue distance de la compagnie Bell, via un signal d'une tonalité de 2 600 hertz. Le sifflet n'avait certes pas été conçu pour passer des coups de fil gratuits. Comme dit la formule : *comprendre, bidouiller, détourner.*

Captain Crunch et ses amis affinèrent leur technique, construisirent des petites boîtes émettant le fameux signal, devinrent les fers de lance d'une nouvelle discipline – le *phreaking* – et finirent naturellement par avoir des ennuis. John Draper se fit pincer en 1972, ce qui lui valut quelques mois de prison en 1976. Deux ans plus tard, il allait écrire le programme EasyWriter, le premier traitement de texte de l'ordinateur Apple II[19]. Il est vrai qu'à l'époque la firme à la pomme n'était pas encore ce géant de l'informatique aux produits aussi sédui-

18. Le terme, qui signifie « débutant », est très utilisé dans l'univers de l'informatique et des jeux vidéo.
19. Captain Crunch est d'ailleurs toujours actif. Il a un site web : [www.webcrunchers.com], et même une page Facebook et un compte Twitter : [@jdcrunchman].

sants que verrouillés – un véritable repoussoir pour nos adeptes de la dérivation créatrice.

Un jeu d'enfant

Comment devient-on un hacker ? L'immense majorité d'entre eux vous répondront qu'on ne le devient pas, que c'est une manière d'appréhender son environnement, et que d'ailleurs un vrai hacker ne se définira jamais comme tel : ce sont les autres, ses *pairs*, qui le désignent ainsi. Il n'empêche qu'on retrouve souvent, outre la transmission familiale – par ces fameux bricoleurs que sont les pères, les oncles ou les grands-mères –, une exposition précoce à la technique et à la technologie. Il y a de l'Obélix chez le hacker : ce n'est pas de sa faute, il est tombé dedans quand il était petit.

Entendu des dizaines de fois, au fil des rencontres : tout petit déjà, je jouais aux Lego (et je n'en faisais pas ce qui était prévu sur la boîte) ; tout petit déjà, je démontais des postes de radio ; tout petit déjà, j'avais un ordinateur ; tout petit déjà, je voulais comprendre « comment ça marche dedans ».

Tout petit déjà, Jérémie Zimmermann, le vibrionnant porte-parole de La Quadrature du

Net[20], l'association française de défense des libertés numériques, ne se contentait pas d'appuyer sur les boutons pour allumer les appareils : « À l'âge de 5 ans, j'ai eu mon premier baladeur à cassettes, et mon premier tournevis. J'ai utilisé l'un pour ouvrir l'autre, pour essayer de comprendre comment ça marchait dedans. Ça, c'est la démarche curieuse, joyeuse, qui est celle du hacker. »

Il va sans dire que le hacker a tout intérêt à avoir des parents compréhensifs.

Curiosité. Le plus petit dénominateur commun à tous les bidouilleurs du monde. Curiosité, le mot est d'ailleurs au cœur d'un des textes fondateurs de la culture hacker, le très lyrique *Hacker Manifesto* de Loyd Blankenship, dit The Mentor[21] : « J'ai fait une découverte aujourd'hui. J'ai trouvé un

20. [www.laquadrature.net].

21. Membre du groupe de hackers américains Legion of Doom, Loyd Blankenship fut arrêté en janvier 1986, pour des raisons difficiles à déterminer aujourd'hui (l'introduction du texte fait référence à du… piratage bancaire). Rédigé au lendemain de son arrestation, le *Manifeste du hacker* – ou *La Conscience d'un hacker* – a été publié le 8 janvier par le webzine underground *Phrack*. Le texte original est disponible dans les archives du site : [www.phrack.org/issues.html?issue=7&id=3&mode=txt].

ordinateur. Attendez une seconde... C'est cool ! Il fait ce que je veux. S'il fait une erreur, c'est parce que j'ai merdé. [...] C'est notre monde maintenant, le monde de l'électron et de l'interrupteur, la beauté du bit. [...] Nous explorons... et vous nous appelez des criminels. Nous cherchons la connaissance... et vous nous appelez des criminels. Oui, je suis un criminel. Mon crime, c'est la curiosité. »

Démarche curieuse, démarche joyeuse. Les hackers sont de grands enfants et l'assument. Une de leurs figures tutélaires, le théoricien du logiciel libre[22] Richard Stallman – notre débonnaire amateur de danses bretonnes de Cambridge, Massachusetts –, définit ainsi le hack : « S'amuser dans l'utilisation de son intelligence. » Pour les résidents des hackerspaces, entre leurs 12 ans et aujourd'hui, ce n'est jamais que la taille des jouets qui a changé. Le terme « hacker » lui-même est intimement lié au jeu. Comme le rappelle Bluetouff,

22. Un logiciel libre n'est pas, contrairement à une confusion courante, un logiciel gratuit, mais un logiciel librement utilisable, modifiable et reproductible, ce qui suppose notamment l'accès à son code source. Voir chapitre 3, « Culture du partage, partage de la culture ».

cofondateur du site Reflets[23] qui réunit hackers et journalistes : « Ça vient quand même d'une bande de barrés qui bidouillaient des trains électriques au MIT. »

Ce qui est factuellement exact. Il s'agissait du TMRC *(Tech Model Railroad Club)* du prestigieux Massachusetts Institute of Technology de Boston, foyer de grands enfants, donc, qui commencèrent par taillader *(to hack)* des bouts de circuit ferroviaire. Avant de tailler du code informatique à la mesure de leurs envies[24]. On ne s'étonnera pas que Stallman soit précisément un « produit » du MIT…

Petite magie du hack : on peut donc s'attaquer à des disciplines *a priori* arides sans perdre de vue la dimension ludique. L'un des principaux groupes de hackers au monde, le Chaos Computer Club[25], basé à Berlin, fort de ses 3 800 adhérents et de ses trente-deux ans d'existence, s'est fait une spécialité des questions liées à la liberté de communication,

23. [reflets.info].
24. Pour un regard historique sur le mouvement hacker, voir Sabine BLANC et Ophélia NOOR, *Hackers : bâtisseurs depuis 1959*, Owni Éditions, 2012.
25. [www.ccc.de].

au respect de la vie privée, à la transparence des données publiques et à la sécurité informatique. Ce qui ne l'empêche pas de se définir, assez poétiquement du reste, comme une « communauté galactique de formes de vie ».

Quant aux missions de cette « communauté galactique », Constanze Kurz, leur jeune et blonde porte-parole, les définit ainsi : « On observe des systèmes techniques, on les analyse, on réfléchit à leurs implications politiques. Et on essaie de s'amuser en faisant tout ça. » Le fait est qu'ils y parviennent sans trop de peine.

Mauvais genre ?

Parmi les trois porte-parole du Chaos Computer Club, il y a donc une femme de 38 ans. Ce n'est pas une situation anodine, car les communautés hackers et hacktivistes sont (très) majoritairement masculines. La question du genre y est à la fois un impensé et un problème. Un impensé parce que, dans la logique du cyberespace, on ne juge pas les gens pour ce qu'ils sont, mais pour ce qu'ils font ; être un homme ou une femme n'a en théorie aucune espèce d'importance. Et un problème parce que, contrairement à l'image d'Épinal du *geek* solitaire et binoclard, hackers et hacktivistes ne passent pas leur temps enfermés seuls avec leur ordinateur ; nombre d'entre eux socialisent plus que la moyenne. Il leur faut donc bien se rendre à l'évidence : dans l'ADN des hackers, le double chromosome X est une denrée plutôt rare.

Constanze Kurz évalue la proportion de femmes au sein du Chaos Computer Club à un peu moins de 15 %. Même ratio, peu ou prou, à C-base, le hackerspace berlinois. Dans les faits, plus le niveau technique du groupe est élevé, plus les éléments féminins se raréfient… Réalité forcément un peu triste : pour être hacker, on n'en est pas moins homme – et un peu femme. « Socialement, les femmes ne sont pas encouragées à se familiariser avec la technologie, déplore Jeedi, l'un des membres de C-base. Et dans des communautés aussi masculines, ce n'est pas évident, pour une femme, de s'imposer. »

Bien sûr, il y a des exceptions. La compagne de Jeedi, une souriante Franco-Américaine de 34 ans, est elle-même une « hackeuse » reconnue. Administratrice de systèmes informatiques dans le civil, Fabienne Serrière a fondé son propre petit hackerspace, ETIB, pour « Electronic + Textile

Institute Berlin ». On y trouve de vieilles machines à coudre et à tricoter hackées, dirigées par ordinateur, et capables, par exemple, de fabriquer des écharpes à motif totalement aléatoire. Fabienne rêve aujourd'hui de *smart textile*, du textile intelligent, avec de l'électronique à l'intérieur. ETIB compte cinq occupants réguliers, dont quatre femmes.

Ce ne sera pas leur faire injure que de douter qu'on puisse trouver une telle proportion dans des projets de console multitactile[26], par exemple.

D'où des ébauches de « féminisme geek ». Dès 1988, des femmes du Chaos Computer Club ont fondé Haecksen, avec pour objectif de prouver que la créativité technologique n'a pas de sexe. Plus récemment, plusieurs femmes investies dans la Fondation Mozilla[27] ont mis sur pied un groupe

26. Voir au chapitre 3, « Culture du partage, partage de la culture », la *Multi Touch Console*, sorte de tablette tactile géante développée au hackerspace berlinois C-base.

27. La Fondation Mozilla, lancée en 2003, soutient notamment le développement du navigateur Firefox et du client de messagerie Thunderbird, deux logiciels libres.

spécifiquement dédié à améliorer la visibilité féminine dans le milieu du logiciel libre : Women & Mozilla[28]. « Elles expliquent que sur les salons de discussion ou sur les forums, quand les participants comprennent qu'ils ont affaire à une femme, le discours peut changer du tout au tout », raconte Maxime Rouquet, le coprésident du Parti pirate français[29], qui les a rencontrées. Mais le handicap social peut aussi tourner à l'avantage individuel. Ainsi Azza Chaouch, jeune docteur en droit public de 27 ans rencontrée à Tunis et seule fille parmi la poignée de garçons du tout jeune hackerspace de la ville, assure-t-elle être particulièrement « chouchoutée » par ses homologues masculins…

Fabienne Serrière dit avoir quitté Paris pour Berlin parce qu'elle s'y sent moins isolée. Les « femmes techniques », comme elle les appelle, sont effectivement plus nombreuses en Allemagne qu'en France. Mais ce n'est probablement pas de la vieille Europe que viendra le changement. « Les communautés techniques sont plus féminisées dans les pays arabes », note Constanze Kurz. De quoi commencer à rétablir l'équilibre dans

28. [www.womoz.org].
29. [www.partipirate.org].

les galaxies hackers, hacktivistes et les milieux du logiciel libre.

Ce que confirme Azza Chaouch, qui note que les femmes sont très présentes dans la communauté de développement du système d'exploitation libre Ubuntu[30] en Tunisie. De quoi espérer que les choses changent même si, de l'avis de mes interlocutrices, c'est peut-être un peu lent, tout ça…

Agités d'éthique

Revenons à notre définition du hack. Comprendre. Bidouiller. Détourner. Et s'amuser, au passage. Le hacker, on l'a compris, ne marche pas dans les clous, ne respecte pas les modes d'emploi. C'est même tout le contraire. Pour autant, il ne fait pas n'importe quoi. Il existe une éthique hacker. Pas exactement un code de conduite, mais comme le souligne la porte-parole du Chaos Computer Club, « des règles à avoir en tête, transmises aux plus jeunes par les plus aguerris ».

Paradoxalement, ce n'est pas un hacker qui a codifié ces « règles », mais un journaliste : Steven Levy, collaborateur de *Rolling Stone* et de

30. [www.ubuntu.com].

Newsweek. Dans *Hackers: Heroes of the Computer Revolution*[31], Levy retrace l'émergence du mouvement hacker et de l'informatique grand public, des passionnés de petits trains du Massachusetts Institute of Technology aux hippies californiens qui allaient lancer la « révolution de l'ordinateur personnel », et au nombre desquels on trouve les fondateurs d'Apple.

Telle que Steven Levy la définit dans le deuxième chapitre de son livre, l'éthique hacker tient en six points : 1/ l'accès aux ordinateurs, et plus généralement à tout ce qui peut améliorer la connaissance, doit être total et illimité ; 2/ l'information doit être libre ; 3/ il faut se méfier de l'autorité et promouvoir la décentralisation ; 4/ les hackers doivent être jugés sur ce qu'ils font, non selon leurs diplômes, leur âge, leur origine, leur sexe ou leur position sociale ; 5/ on peut créer de l'art et de la beauté avec un ordinateur ; enfin, 6/ les ordinateurs peuvent changer la vie – en mieux.

Partage, ouverture, décentralisation, libre accès, libre communication, liberté de l'information : on croirait lire la carte d'identité d'Internet. Ou

31. Steven Levy, *Hackers: Heroes of the Computer Revolution*, Anchor Press, 1984.

plutôt, d'Internet tel qu'en rêvent les défenseurs des libertés numériques et tel qu'ils veulent le conserver. Rien d'étonnant : l'histoire du réseau est consubstantielle à celle des hackers et de l'informatique grand public.

« Internet n'a pas été créé par des militaires et des industries[32], rappelle Nicolas Danet, coauteur du livre *Anonymous : Peuvent-ils changer le monde ?*[33], mais par des militaires, des industries, des universitaires et des gens qui ont baigné dans la contre-culture des années 60 et 70. Pour eux, c'était un nouvel endroit, une nouvelle frontière, une nouvelle "conquête de l'Ouest". Ils y ont mis d'autres valeurs, une nouvelle manière de collaborer, un partage plus horizontal de l'information. »

---

32. Le premier réseau de « transfert de paquets », ARPAnet, fut effectivement lancé en 1969 par la DARPA *(Defense Advanced Research Project Agency)*, une agence du département de la Défense des États-Unis. À ce titre, il est souvent considéré comme « l'ancêtre d'Internet ». Mais de fait, le « réseau des réseaux » s'est développé… par addition et fusion de réseaux de communication. Sa généalogie est donc plus « horizontale ».

33. Frédéric Bardeau, Nicolas Danet, *Anonymous : Peuvent-ils changer le monde ?*, Coll. « Présence », FYP Édition, 2011.

Le lecteur attentif aura noté que rien, dans les « six commandements » codifiés par Steven Levy et revendiqués encore aujourd'hui par les hackers du monde entier, ne contrevient à la loi. Et que rien n'indique spécifiquement qu'il faut la respecter. Ce qui fera la différence entre un *hacker* et un pirate informatique, un *cracker*, ce n'est pas la légalité mais la légitimité. Ce n'est pas l'outil, mais le sens dans lequel on l'utilise. Selon le hacker américain Eric S. Raymond, le hacker construit quand le cracker casse. Le hacker agit pour l'intérêt de la communauté, le cracker pour son intérêt personnel.

La distinction n'est, de fait, pas toujours compatible avec les législations en vigueur. L'exemple le plus typique, c'est l'intrusion informatique « dans une bonne intention ». Tester la vulnérabilité des systèmes d'information est un sport très prisé – et au demeurant fort utile si on veut en renforcer la sécurité. Le *cracker*, on l'a vu, en tirera un profit individuel, généralement financier. Certains hacktivistes exploiteront la faille à des fins politiques, pour par exemple remplacer la page d'accueil d'un site gouvernemental par une autre de leur confection ; cette pratique, dite de *defacing* ou « défacement », est l'une des spécialités d'Anonymous et ne fait pas – on y reviendra – l'unanimité. La troisième option consiste à prévenir l'administrateur système et/ou le public, afin de « boucher le trou ».

Ce qui n'est pas forcément très bien vu. Le Chaos Computer Club, notamment, en a fait les frais dans les années 80[34]. On entre là, juridiquement, dans des zones grises, même si en France, par exemple, la cour d'appel de Paris a pu considérer en 2002 qu'un internaute accédant à une base de données via les fonctions classiques d'un navigateur Internet, et informant l'entreprise d'un défaut de sécurité, ne méritait pas d'être condamné[35].

Voilà pourquoi Bluetouff, parmi beaucoup d'autres, a une approche assez pragmatique de la chose : « Dans la presse, on a tendance à diviser les hackers en deux : les *white hats*, les "chapeaux

34. En 1984, le CCC réussit à détourner 134 000 DM d'une banque de Hambourg en exploitant une faille du cousin allemand de notre Minitel, le Bildschirmtext. L'argent fut rendu dès le lendemain, mais ce fait d'armes leur valut quelques ennuis avec les autorités. La démonstration était, il est vrai, quelque peu expéditive…
35. Affaire « Tati contre Kitetoa » [www.kitetoa.com]. Kitetoa, journaliste, spécialiste des questions de sécurité informatique, est l'un des fondateurs du site Reflets.

blancs", les "gentils", et les *black hats*, les "chapeaux noirs", les "méchants". J'aurais plutôt tendance à parler de *rainbow hats*, de "chapeaux arc-en-ciel". Un hacker, c'est quelqu'un qui détourne, qui crée, qui innove. Et dans la démarche de découverte, il y a toujours un moment où on franchit la ligne jaune. »

Message reçu : on n'est pas forcément chez les Bisounours. Chacun se débrouille avec sa conscience.

De quoi l'hacktivisme est-il le nom ?

Et de la conscience, il y en a, il suffit de relire les six points de l'éthique hacker pour s'en convaincre. C'est que l'expérience technique façonne une vision du monde. « Pas mal de gens dans la communauté hacker ont cette idée d'Internet comme d'un espace où l'information doit être libre de circuler sans être altérée, de son origine à sa destination, explique KheOps, de Telecomix. Parallèlement à ça, beaucoup d'entre nous ont un attachement à la liberté d'expression, à la possibilité de s'informer via des sources diverses, de découvrir sans cesse de nouvelles personnes, de nouvelles idées. »

Ce passage du technique au politique est particulièrement présent dans les communautés de développement du logiciel libre. Sans doute parce que le papa du *free software*, Richard Stallman, en a très vite théorisé les implications. Et n'a jamais compté son temps ni son énergie, dès lors qu'il s'agissait de convertir les masses aux vertus éthiques du partage des savoirs et au modèle social du travail collaboratif.

Frédéric Couchet, fondateur de l'April[36] (Association française de promotion et de défense du logiciel libre), se souvient du premier passage de Stallman à l'université Paris VIII, au début des années 90 : « On venait voir le développeur génial, on pensait qu'il allait nous parler d'informatique. Eh bien pas du tout : il n'a quasiment parlé que de politique. »

L'hacktivisme vient de loin et sans doute, en effet, a-t-il prospéré sur le terreau fertile des bidouilles collectives, des salles du MIT de Boston aux garages des hippies californiens. Reste qu'on peut tout partager en bulle, sans trop se soucier du monde extérieur, quand l'activisme – avec ou sans

36. [www.april.org].

« h » – suppose, lui, de mettre les deux pieds dans la réalité.

Le Suédois Marcin de Kaminsky, l'un des initiateurs en 2003 du Piratbyrån – ce « bureau pirate » à partir duquel essaimeraient aussi bien The Pirate Bay[37], site bien connu des amateurs de téléchargement, que le Julia Group[38], *think tank* de consultants en libertés numériques, en passant par Telecomix – ne dit pas autre chose : « L'hacktivisme consiste à aller au-delà du hack technologique pour comprendre – et hacker – les processus politiques. »

Le terme *hacktivisme* lui-même apparaît pour la première fois sous la plume d'un hacker américain, Omega, membre du groupe Cult of the Dead Cow[39]. Et comme souvent chez les hackers, c'est une bonne blague avec de vrais morceaux de sérieux à l'intérieur. En 1999, Cult of the Dead Cow lance d'ailleurs une « branche » nommée Hacktivismo, qui regroupe hackers, avocats et militants des droits de l'homme, avec l'idée de mettre à la disposition

37. [thepiratebay.se].
38. [twitter.com/Juliagruppen].
39. Littéralement, le « culte de la vache morte ». On le verra à plusieurs reprises, l'humour et l'autodérision sont particulièrement développés chez les hackers.

des dissidents des régimes autoritaires les outils qui leur permettront d'échapper à la censure et à la surveillance. Une démarche qu'on va précisément retrouver, démultipliée, pendant les printemps arabes, et qui va imposer l'hacktivisme comme un sujet politique et médiatique quasi *mainstream*.

Un sujet qui d'ailleurs provoque l'inquiétude – et on ne parle pas là seulement du citoyen ordinaire peu familier des codes de la webculture, affolé par le décorum des vidéos Anonymous, les voix de synthèse et les slogans péremptoires du type *Expect Us*, « Redoutez-nous ». Quand la chancelière allemande Angela Merkel demande à rencontrer des membres du Chaos Computer Club, c'est pour demander qui se cache derrière le masque de Guy Fawkes…

Dès novembre 2008, en France, un article publié dans la revue *Défense nationale* tirait carrément la sonnette d'alarme : « L'hacktivisme est-il une nouvelle menace[40] ? » L'auteure, Laurence Ifrah,

40. Laurence Ifrah, « L'hacktivisme est-il une nouvelle menace ? », *Défense nationale*, n° 713, novembre 2008. Laurence Ifrah est décédée début 2012, avant qu'on ait pu lui demander comment elle analysait les développements actuels de l'hacktivisme.

chercheuse et consultante en sécurité des systèmes d'information, s'y penchait sur le fonctionnement horizontal d'Anonymous et sur ses actions, concentrées à l'époque contre l'Église de scientologie, en diagnostiquant la « naissance [d']une nouvelle forme d'engagement politico-technique » – et en n'hésitant pas au passage à assimiler, une fois de plus, hack et cybercriminalité.

Au-delà des fantasmes et des caricatures, de quoi l'hacktivisme est-il le nom ? Pour les hackers les plus clairement engagés sur le terrain des libertés numériques, ce n'est jamais qu'une nouvelle forme d'expression citoyenne. « C'est prendre conscience que la liberté d'informer, la liberté de communiquer, la liberté de la culture, ça n'a pas de prix, répond Ludo, l'un des initiateurs du hackerspace de Saint-Brieuc. C'est du militantisme citoyen. "Hacker", "hacktiviste", ce sont des étiquettes. Le hack, c'est un outil. »

Reste que l'outil Internet permet des capacités d'intervention renouvelées et que sa massification change clairement la donne. De tous les points de vue, d'ailleurs. « Plus Internet devient grand public, plus il y a de tentatives de contrôle, relève

Frédéric Bardeau, coauteur d'*Anonymous*[41]. Et plus il y a, parallèlement, des réactions épidermiques contre ces tentatives de contrôle. Anonymous, ça a été le point de cristallisation de l'idée d'une société civile numérique. Ce qu'on voit émerger, c'est un peuple numérique qui défend son territoire. »

De plus en plus de communications. De plus en plus de contrôle. De plus en plus d'hacktivisme. Toute action suscite une réaction, toute attaque sa contre-attaque, tout pouvoir son contre-pouvoir. Ce que résume Okhin, grand brun filiforme d'une trentaine d'années, également actif au sein du *cluster* Telecomix : « On se retrouve sur une guerre de positions idéologiques. Ce n'est pas quelque chose qu'on a voulu, c'est quelque chose qu'on nous impose. C'est Internet qui est agressé. Du coup, on utilise Internet pour se défendre. »

On ne pose pas sur le « réseau des réseaux » des cadenas et des filtres sans provoquer de conséquences. Il se trouve toujours quelqu'un pour crocheter les serrures et laisser circuler librement les données.

41. *Op. cit.*

Chapitre 2

Circulez, y a tout à voir (ou presque)

« Le cyberespace est fait de transactions, de relations et de pensées, circulant en un flot ininterrompu sur nos canaux de communication. Notre monde est à la fois partout et nulle part mais il ne se trouve pas là où vivent les corps[42]*. »*

42. John Perry Barlow, « Déclaration d'indépendance du cyberespace », 1996. Voir introduction, « Le changement, c'est maintenant ».

Août 2012. Je commence la visite guidée des quatre cent cinquante mètres carrés de Shackspace[43], l'opulent hackerspace de Stuttgart, en Allemagne. Avant de m'emmener découvrir les différentes pièces – le *datacenter* hébergeant les serveurs, le labo d'électronique, le « médialab » où sont enregistrés des podcasts, l'atelier de soudure, la salle de réunions… –, Hadez, l'un des fondateurs du lieu, m'a fait visiter le hall avec son distributeur de boissons – qui alerte automatiquement Twitter quand il a besoin d'être rechargé ! –, sa cabine de douche en cours de fabrication, aménagée dans une vieille cabine téléphonique, et sa cuisine (sur)équipée, qui sert, entre autres, à préparer les barbecues et à organiser des ateliers sushi.

43. [shackspace.de].

« En fait, vous avez tout, ici. À boire, à manger, des canapés, des ordinateurs… En cas de catastrophe nucléaire, vous avez juste à tout boucler. Vous devriez survivre un certain temps.

— On survivrait cinq minutes, je pense, répond Hadez. Parce qu'on n'aurait plus Internet. »

Une bonne blague ? À peine.

Touche pas à mon réseau

Internet, ce monde merveilleux dans lequel on trouve des amis partout. Un cliché en rose bonbon ! Et pourtant : dans les souvenirs de ceux qui ont vécu l'émergence du réseau, c'est toujours l'émerveillement qui domine. Le porte-parole de La Quadrature du Net, Jérémie Zimmermann, 35 ans aujourd'hui, en est encore transporté : « Vers 1992, 1993, j'ai eu mon premier modem. J'ai compris que mon ordinateur pouvait se connecter à d'autres ordinateurs. J'ai rencontré des gens via les BBS[44]. On s'échangeait des fichiers,

44. Le BBS (*bulletin board system*, « système de bulletins électroniques ») est un serveur permettant l'échange de messages, le stockage et l'échange de fichiers et de logiciels. On y accède via une ligne téléphonique et un modem. Les BBS ont été supplantés par Internet à partir du milieu des années 90.

on se laissait des messages… Et puis, peu de temps après, je découvrais Internet. Tout à coup, il y avait d'autres gens, d'autres amis, aux quatre coins du monde. Il y avait là quelque chose d'énorme, de vraiment beau, qui était en train de se créer. »

Échanger, partager, travailler ensemble. Ce qui paraît banal aujourd'hui ne l'était pas à l'époque – et ne l'est plus du tout lorsqu'on en est privé. C'est Numendil qui raconte ainsi ces liens tissés en ligne, sur un serveur IRC, avec une jeune Égyptienne : « Un jour, elle m'explique que c'est très tendu là-bas, qu'il faut qu'elle aille voir ce qui se passe. Après ça, plus de nouvelles, et plus d'Internet. À ce moment-là, je me suis dit : si je peux faire quelque chose, alors je vais le faire. »

Les printemps arabes, parce qu'ils mettent en lumière le rôle crucial du réseau dans le partage et la circulation de l'information (on a été jusqu'à parler dans le cas tunisien, exagérément d'ailleurs, de « révolution Facebook »), et parce qu'ils jettent une lumière crue sur les pratiques des régimes autoritaires en matière numérique (censure de sites web, espionnage massif des communications), vont agir comme un révélateur. Et faire basculer dans l'hacktivisme beaucoup de hackers, mais aussi des franges de plus en plus significatives d'internautes techniquement dégourdis.

La révolution tunisienne en est l'épisode le plus spectaculaire, médiatiquement parlant. Le terreau y est fertile. Le numérique y est vu comme un outil de développement, et l'Internet s'est démocratisé via les clés 3G, beaucoup moins chères là-bas qu'une connexion ADSL. Les communautés de développement du logiciel libre y sont bien implantées dans les universités. La Tunisie jeune et urbaine vit aussi sur les réseaux sociaux – le pays compte trois millions d'internautes sur dix millions d'habitants – et la Toile est, depuis plusieurs années, un véritable outil de contestation politique.

En 2004, une petite équipe de cyberactivistes lance *Nawaat*[45], un site d'information indépendant, immédiatement censuré. *Nawaat* va vite devenir une tribune d'expression pour les

45. [nawaat.org].

politiques d'opposition, tous bords confondus – de Moncef Marzouki, l'actuel président de la République tunisienne, aux chefs de file du parti islamiste Ennahda, alors interdit – et un outil de « journalisme citoyen » dans un pays où les médias traditionnels sont en coupe réglée. L'équipe qui anime le site est constituée pour une bonne part de Tunisiens de la diaspora.

Parmi eux, Malek Khadraoui, qui vit alors en France. Il se souvient avoir senti le vent tourner au printemps 2010 : « L'Internet tunisien a longtemps été divisé en deux, entre une partie militante et une partie neutre, apolitique. Mais dans l'année qui a précédé la chute du régime, tout a convergé. Un appel à manifester le 22 mai contre la censure a été lancé sur Facebook, et les organisateurs ont été arrêtés. Ben Ali est alors devenu la cible unique. Quand on arrive en décembre, l'Internet tunisien est homogène, avec un seul but, la chute du régime. Et c'est là que s'opère la jonction avec les mobilisations populaires, la symbiose entre le "virtuel" et le "réel". »

En janvier 2011, Anonymous – déjà très actif les mois précédents dans le soutien au site The

Pirate Bay, puis à WikiLeaks[46] – entre à son tour dans la danse, en réaction à la censure qui frappe le web tunisien. Le 2 janvier, huit sites gouvernementaux ou proches du pouvoir sont la cible d'attaques par déni de service, dites DDoS *(Distributed Denial of Service)*, autrement dit des afflux de connexions visant à saturer les serveurs. « Ce jour-là, se souvient dans un sourire Khelil Ben Osman, cofondateur de l'Association tunisienne des libertés numériques[47] et du média collaboratif Fhimt.com, nous étions tous Anonymous. » La réponse est immédiate : en représailles, le 6 janvier, trois cyberactivistes sont arrêtés. Parmi eux, le blogueur Slim Amamou[48],

46. Connues sous le nom d'« Operation Payback » et « Operation Avenge Assange », ces actions ont essentiellement consisté à faire « tomber » des serveurs via des attaques par déni de service : ceux d'organisations représentant les industries culturelles, comme la Motion Picture Association of America, puis ceux des entreprises ayant bloqué les transactions financières vers WikiLeaks (Amazon, PayPal, Visa et MasterCard).

47. [www.atln.info].

48. L'épisode est resté fameux, notamment parce que, lors de son arrestation, Slim Amamou a activé la géolocalisation de son téléphone portable, ce qui a permis à ses amis de suivre sa position jusque dans les sous-sols du ministère de l'Intérieur…

futur éphémère secrétaire d'État à la Jeunesse et aux Sports du premier gouvernement de transition, et aujourd'hui membre du Parti pirate de Tunisie[49]. D'autres sites sont alors visés par Anonymous, qui diffuse également des vidéos témoignant de la répression exercée par le régime ; pendant que dans la rue, la révolte est à son comble.

Une révolte qui aura raison de vingt-trois ans de règne. Le 14 janvier 2011 au soir, Zine el-Abidine Ben Ali fuit le pays.

Chez les cyberactivistes tunisiens, on trouvera, comme partout, des critiques d'Anonymous : sur sa nature mouvante qui interdit par principe de savoir à qui on a affaire, sur sa fâcheuse manie de livrer au public des données privées... Sur tout, sauf sur la fameuse « opération Tunisie », nom de code *OpTunisia.* « Ce n'était pas du hack, estime le jeune Pirate tunisien Wassim Ben Ayed. Mais ça a eu un véritable impact politique et médiatique. »

C'est Toto qui répare Internet...

Printemps arabes, acte II : l'Égypte. D'un point de vue numérique, l'affaire est encore plus grave :

49. [www.partipirate-tunisie.org].

« On savait qu'il y avait de la censure, du monitoring, du filtrage, mais on avait des outils pour contourner ça, raconte Okhin, qui a rejoint Telecomix à cette époque. Hosni Moubarak, lui, a carrément décidé de couper Internet. À ce moment-là, la guerre était déclarée contre le réseau et contre ses habitants. Ça a poussé beaucoup de hackers à entrer dans une lutte plus marquée contre les prises de contrôle d'Internet. »

Que faire quand un morceau de réseau est cassé ? C'est tout simple : on le reconstruit. À hacker vaillant, rien d'impossible. Le 27 janvier 2011 au soir, le web égyptien est presque complètement bloqué. Le 28 au matin, French Data Network[50], le principal fournisseur associatif d'accès à Internet en France, prend la décision d'ouvrir un « Internet de secours »[51] : en clair, un accès téléphonique au réseau, utilisable par tout heureux possesseur de ces antiquités que sont

50. [www.fdn.fr].
51. Voir la déclaration de FDN à l'époque, « Censure de l'Internet en Égypte : une humble action de FDN » [blog.fdn.fr/?post/2011/01/28/Censure-de-l-internet-en-%C3%89gypte-%3A-une-humble-action-de-FDN].

les modems 56K[52]. Nom d'utilisateur et mot de passe : « toto »...

De leur côté, les « agents » Telecomix, ainsi qu'ils se désignent, récupèrent où ils le peuvent ces vieux modems – il en traîne toujours un quelque part dans un grenier – et les expédient à la frontière égyptienne. Mareike Peter, la toute jeune coordinatrice du groupe des députés pirates au Parlement de Berlin, passait alors ses examens d'infirmière : « Je devais réviser, je n'avais pas le choix, se souvient-elle. Mais Al Jazeera tournait en boucle sur mon ordinateur, Jabber[53] était ouvert en permanence, j'avais des nouvelles de gens qui empaquetaient des modems pour l'Égypte et... je ne pouvais rien faire ! » Depuis cette période, Mareike est restée proche du *cluster*.

Avec les printemps arabes, Telecomix s'est fait une spécialité du soutien technique à la cyberdissidence. Une direction un peu différente de l'objectif originel : comme le rappelle Marcin de Kaminsky,

52. Ceux-là mêmes qui, en un temps dont les moins de 20 ans auront du mal à se souvenir, se connectaient de manière particulièrement bruyante...
53. Réseau de messagerie instantanée.

l'un de ses initiateurs, Telecomix est plutôt, à sa naissance en 2009, un groupe informel de lobbying en direction des parlementaires. Tout comme La Quadrature du Net en France, il voit le jour au moment des négociations sur le « paquet télécom », un ensemble de directives européennes qui réglementent le secteur des télécommunications[54].

2009, c'est aussi l'année de la dernière élection présidentielle en Iran, pays très à la pointe en matière de censure, y compris numérique. De fil en aiguille, les agents Telecomix se retrouvent à aider des internautes iraniens à s'affranchir du contrôle du réseau. C'est ce tropisme qui prendra le dessus en 2011, avec l'afflux de nouvelles forces vives pendant les révolutions du Jasmin et du Nil.

Telecomix compte aujourd'hui, selon Marcin de Kaminsky, quelques centaines de personnes. Mais c'est un *cluster*, une grappe, à peine un groupe. Dans les faits, il faut donc imaginer « une ou deux douzaines de personnes très actives, une ou deux douzaines qui apparaissent régulièrement, le reste connecté de manière plus lâche ».

54. Voir le dossier qu'y a consacré La Quadrature du Net sur son site : [www.laquadrature.net/fr/Telecoms_Package].

Quelques poignées d'individus, donc, occupés à construire ou reconstruire des bouts de réseau, et à apprendre à ceux qui le souhaitent comment s'y mouvoir sans laisser de traces.

Pour vivre heureux, vivons chiffrés

Orwell en avait cauchemardé, les entreprises occidentales l'ont fait : la possibilité d'un monde sous surveillance généralisée, ce n'est pas demain, c'est, déjà, aujourd'hui. Il ne s'agit plus seulement d'accès bloqué à des sites web, ou de « coupure » d'Internet, mais bien d'interceptions massives de communications.

Certains lecteurs se souviendront peut-être du scandale provoqué, à la fin des années 90, par le dévoilement du réseau Echelon, ce système d'interception des communications téléphoniques et électroniques piloté par la NSA (*National Security Agency*, Agence nationale de sécurité américaine). Dès lors qu'il fut révélé que le système pouvait réagir à certains mots-clés, le grand jeu, pour les hacktivistes de l'époque, puis plus largement pour les geeks soucieux des atteintes à la vie privée, consista à truffer leurs e-mails de termes « sensibles », histoire d'« encombrer »

Echelon[55]. Depuis cette époque, si les communications en ligne se sont extraordinairement développées, les capacités de stockage et les technologies ont, elles aussi, progressé.

L'une des plus en vogue aujourd'hui est le DPI (pour *Deep Packet Inspection*), un domaine dans lequel la France s'illustre tout particulièrement. Il consiste à analyser le contenu d'un « paquet » de données circulant sur le réseau. En clair : avec le DPI, nos e-mails, les sites auxquels nous nous connectons, ce que nous tapons dans un moteur de recherche, tout cela, donc, n'a potentiellement plus grand-chose de confidentiel.

Le déploiement de telles techniques dans nos contrées démocratiques pose de sérieux problèmes de respect de la vie privée, d'autant que le marché de ce qu'il faut bien appeler des « armes numériques » est devenu un juteux business[56]. Comme le rappelle

55. Il s'agissait à l'origine du Jam Echelon Day, relayé en France par le site Bugbrother.com, sur lequel officiait alors sous pseudonyme le journaliste hacker Jean-Marc Manach : [www.bugbrother.com/echelon].

56. En témoignent les SpyFiles de WikiLeaks, exploités par plusieurs médias, dont Owni.fr en France. Voir l'application de « datavisualisation » développée par l'équipe d'Owni : [spyfiles.org].

Lucie Morillon, responsable des nouveaux médias à Reporters sans frontières[57] : « On parle de mercenaires de l'ère digitale, à juste titre. » Obtenir un cadre légal digne de ce nom est d'ailleurs l'un des combats des associations de défense des libertés numériques et des militants des droits de l'homme. Dans les pays où ces droits ne figurent pas au programme, la situation est évidemment plus critique.

Or les techniques de contournement existent, et ce sont elles que l'on s'emploie, chez Telecomix ou Anonymous, à populariser. On expliquera au béotien comment chiffrer ses e-mails, mais aussi comment naviguer via le réseau Tor (*The Onion Router*, littéralement « routage en oignon »), qui fait « rebondir » la connexion d'un « nœud » à l'autre du réseau, si bien qu'on ne peut plus en déterminer la provenance ; ou encore comment installer un VPN (*Virtual Private Network*, un réseau privé virtuel) pour protéger le transfert de données[58]. « Faire en sorte que les gens puissent

57. [www.rsf.org].
58. Toi aussi, ami lecteur, tu peux le faire, en allant par exemple compulser la documentation de J_Hack, une série d'événements organisés en France par des hackers, des journalistes et des ONG [jhack.info].

se connecter à n'importe quel site, à n'importe quelle machine reliée à Internet, via n'importe quel protocole, de manière anonyme et sécurisée », résume KheOps, qui a lui aussi rejoint Telecomix au moment des révolutions arabes.

L'enjeu n'est pas seulement la survie physique des dissidents, mais également la capacité de chacun à communiquer avec l'extérieur et à faire circuler l'information.

Transmettre l'information sans se mettre en danger : dans le contexte du conflit syrien, c'est l'un des nerfs de la guerre. D'autant que l'Internet du pays est proprement quadrillé, par des systèmes de surveillance estampillés notamment BlueCoat et Fortinet[59], deux entreprises américaines ; une information judiciaire a par ailleurs été ouverte, en juillet dernier, contre le Français Qosmos, sur plainte de la FIDH (Fédération internationale des

59. Sans qu'il soit toujours possible de déterminer précisément comment ils sont arrivés là. Ainsi, BlueCoat affirme avoir livré ses produits non à la Syrie, sous embargo américain, mais aux Émirats arabes unis. Voir Bluetouff, « OpSyria : BlueCoat admet maintenant la présence de ses produits sur le sol syrien », Reflets, 29 octobre 2011 [reflets.info/opsyria-bluecoat-admet-maintenant-la-presence-de-ses-produits-sur-le-sol-syrien/].

ligues des droits de l'homme[60]). Faire sortir des vidéos de Syrie, par exemple, est pour les journalistes citoyens une activité à haut risque.

C'est une opération menée par des agents Telecomix qui a permis d'établir le contact. Nom de code : *OpSyria.* Elle a consisté – en toute simplicité ! – à exploiter une faille de sécurité pour détourner, durant quelques heures, une partie du trafic web syrien vers une page expliquant, en substance, aux internautes du pays qu'ils étaient surveillés, et les invitant à rejoindre des canaux de discussion IRC[61].

Syrian Major, un hacktiviste d'une trentaine d'années, est aujourd'hui l'une des « interfaces » entre Telecomix et les internautes syriens. Pour des raisons évidentes, il ne donne ni son nom, ni sa localisation, et très peu d'éléments biographiques. Tout juste saura-t-on qu'il a, dans sa jeunesse, eu

60. Qosmos a, de son côté, porté plainte en diffamation.

61. Lire à ce sujet le récit de KheOps, « #OpSyria : quand Internet ne laisse pas tomber les citoyens syriens », Reflets, 12 septembre 2011 [reflets.info/opsyria-quand-internet-ne-laisse-pas-tomber-les-citoyens-syriens/].

maille à partir avec les *mukhabarat*, la sécurité d'État.

Major était, dit-il, un « citoyen ordinaire » avant le début de la révolution syrienne. Dans les premiers temps, il a relayé autant qu'il le pouvait des informations sur Twitter. C'est avec Anonymous qu'il a découvert le monde des serveurs IRC, avant de rejoindre Telecomix. Aujourd'hui, sur l'IRC du *cluster* et sur son site web[62], il dispense à son tour conseils et outils pour se protéger du *monitoring*.

Syrian Major sait ce qu'il en coûte de prendre la parole quand elle n'est pas autorisée. Il cite Tal al-Mallouhi, cette jeune blogueuse de Homs arrêtée en décembre 2009, toujours détenue au secret, et dont la famille doute qu'elle soit encore vivante. Ou encore le dessinateur Ali Farzat, arrêté et tabassé en août 2011 pour avoir caricaturé Bachar el-Assad. Quand on lui demande ce qu'il pense de la situation du pays, il parle de « naissance difficile ». Avant d'ajouter : « C'est la partie facile, en réalité. Détruire un immeuble, c'est la partie facile. Le plus difficile, c'est de nettoyer et de reconstruire

62. [hacktivist.me].

sur de nouvelles bases. Après la chute du régime. On ne veut pas répéter les mêmes erreurs. »

Cypherpunk's not dead (bien au contraire)

Pour les dissidents des régimes autoritaires, protéger son identité et la confidentialité de ses communications est une « banale » question d'auto-conservation. Sous nos cieux plus cléments, l'opinion publique s'en préoccupe moins. La formule est connue : on n'a rien à cacher tant qu'on n'a rien à se reprocher… L'histoire est pourtant riche d'exemples de groupes humains qui se virent reprocher des activités ou des idées soudain jugées « menaçantes ». Et pour nos défenseurs des libertés numériques, il ne fait aucun doute que « le respect de la vie privée et l'anonymat sont des conditions de la liberté », comme le résume l'artiste américain David Darts[63], inventeur de la PirateBox, une petite « boîte » permettant d'activer un réseau local WiFi précisément anonyme et sécurisé[64].

63. Tous les propos de David Darts cités dans cet ouvrage ont été recueillis par Thomas Rozec pour « New York 2.0 », reportage diffusé le 25 août 2012 sur Le Mouv' dans le cadre de la série documentaire « Villes rebelles ».
64. Voir chapitre 3, « Culture du partage, partage de la culture ».

Ce sont d'ailleurs ces questions qui ont présidé à l'émergence d'Anonymous – moins un mouvement, ou même une addition de « grappes », qu'un concept : « C'est une idée, estime Vigdis, un étudiant d'une vingtaine d'années qui a fréquenté AnonOps, l'un des principaux serveurs IRC d'Anonymous. L'idée selon laquelle on a le droit d'être anonyme, sur Internet, et aussi dans la vraie vie. »

Ceux qui, pour assurer le respect de la vie privée comme droit fondamental, prônent l'anonymisation généralisée des connexions et le chiffrement des communications portent un nom : les *cypherpunks*[65]. Parmi les hacktivistes, beaucoup s'en réclament ; il est vrai qu'ils ont quelques raisons de s'inquiéter. « Le contrôle, on le voit se déployer partout, explique Okhin. C'est pour ça qu'on a besoin que tout le monde utilise des outils de chiffrement, d'anonymisation, parce qu'il faut pouvoir préserver son anonymat. On ne veut pas forcer les gens à être anonymes, s'ils n'en ont pas envie ; mais alors, que ce soit un choix éclairé. »

---

65. Contraction de *cipher*, chiffrement, et de *cyberpunk*, ce genre de la science-fiction mettant en scène dans un avenir proche nos sociétés soumises au contrôle et à la surveillance.

Ils sont donc de plus en plus nombreux, en ligne ou dans le *meatspace* – littéralement « l'espace de la viande », c'est-à-dire celui des corps physiques –, à prendre leur bâton de pèlerin pour aller expliquer les vertus de ces équivalents numériques de la « cape d'invisibilité » chère à Harry Potter. Ainsi Guillaume Lecoquierre alias Skhaen, ancien coprésident du Parti pirate français, s'est-il lancé en ciblant « ceux qui ont un peu peur d'y mettre les doigts » : « Je me rappelais comment j'avais ramé au départ. D'autant que les débutants ne savent généralement pas où chercher les infos. » Après une première conférence à Pas Sage en Seine, événement hacker parisien qui se déroule chaque année au printemps[66], il a monté son propre site web, Cyphercat, consacré à la cryptographie[67].

L'un des *cypherpunks* les plus célèbres du moment n'est autre que Julian Assange, la figure de proue de WikiLeaks. Le débat qu'il a organisé en mai 2012 pour son émission sur la chaîne de télévision Russia Today avec trois autres hackers – Jacob Appelbaum, l'une des chevilles ouvrières du projet Tor, Andy Müller-Maghun, ancien

66. [www.passageenseine.org].
67. [cyphercat.eu].

porte-parole du Chaos Computer Club, et Jérémie Zimmermann de La Quadrature du Net –, et qui a donné lieu, l'automne suivant, à la publication du livre *Cypherpunks*[68], soulève d'ailleurs de passionnantes questions politiques.

Pour Assange, le contrôle du réseau a pris aujourd'hui de telles proportions, les outils sont si développés et si puissants, et leur usage si opaque, que toute tentative de régulation démocratique est vouée à l'échec[69]. La technologie aura toujours une longueur d'avance sur les lois humaines. Il nous reste, dit Assange, les lois de la physique – autrement dit, celles qui permettent de développer les infrastructures et le matériel pour s'affranchir du contrôle.

Le calcul, il est vrai, peut s'avérer payant. Pour des raisons d'ordre géostratégique notamment, les gouvernements peuvent eux aussi trouver des avantages à voir se développer des outils de contournement de la censure et de la surveillance. Voire

68. Julian ASSANGE avec Jacob APPELBAUM, Andy MÜLLER-MAGHUN et Jérémie ZIMMERMANN, *Cypherpunks. Freedom and the Future of the Internet*, OR Books, 2012.
69. *Op. cit.*, au chapitre « Fighting Total Surveillance With the Laws of Man ».

à les promouvoir. Ainsi le département d'État américain a-t-il subventionné, à hauteur de deux millions de dollars, le projet Commotion, qui vise à la création de réseaux WiFi autonomes, décentralisés, au trafic entièrement chiffré. De quoi faciliter l'échange avec les dissidents, mais aussi la mise sur pied rapide de réseaux de communication dans des zones de catastrophe naturelle, par exemple. Commotion est par ailleurs hébergé et soutenu par la très officielle New America Foundation, dont le conseil d'administration est présidé par Eric Schmidt, le patron de Google[70].

Reste que faire, comme le suggère Julian Assange – nourri, il est vrai, de pensée libertarienne[71] –, le deuil de la régulation démocratique, c'est admettre

70. Voir Yves Eudes, « Commotion, le projet d'un Internet hors de tout contrôle », *Le Monde*, 30 août 2011 [www.lemonde.fr/technologies/article/2011/08/30/commotion-le-projet-d-un-internet-hors-de-tout-controle_1565282_651865.html].

71. Le libertarianisme prône la primauté de la liberté individuelle, et la limitation – voire la disparition – de l'intervention de l'État, au profit d'une coopération libre entre les individus. Ce qui est, effectivement, proche de l'éthique hacker, qui se méfie des autorités et promeut la décentralisation.

que se creuse une nouvelle « fracture numérique ». Et ça, Jérémie Zimmermann n'y est pas prêt : « Je sais que j'aurai toujours accès à de l'Internet libre, mais les autres ? Les gens de la génération de ma mère ? Il y a déjà un fossé entre ceux qui savent utiliser le réseau et ceux qui pensent qu'Internet se réduit à Facebook, Google et YouTube. S'il faut en ajouter un autre entre ceux qui manient le RSA 2048[72] pour faire de la cryptographie, et ceux qui n'ont pas encore saisi l'importance, pour nos démocraties, des libertés fondamentales mises en œuvre par Internet... Alors non, ce n'est pas le monde dans lequel je veux vivre. »

Les lois humaines, les lois de la physique : deux options contradictoires ? Ou plutôt deux jambes sur lesquelles apprendre à marcher ? Pour les apôtres du « hack politique », il n'est pas encore temps d'avancer à cloche-pied...

Accords et désaccords

Dans le petit monde des activistes des libertés numériques, on débat. Beaucoup. Ainsi l'anonymat, pourtant prôné la plupart d'entre eux, peut-il être un point d'achoppement. Pour les

72. RSA est un algorithme de chiffrement et 2048 (bits) une des tailles de « clés » utilisée.

cypherpunks, l'affaire est claire : *privacy for the weak, transparency for the powerful*, tel est le *motto* de Julian Assange – la vie privée pour les faibles, la transparence pour les puissants ; les hacktivistes font généralement une très nette différence entre données privées et données publiques.

Mais au sein du Parti pirate allemand[73], par exemple, la question n'est pas réglée, comme nous l'explique Jörg Blumtritt, le porte-parole de la section berlinoise : « Il y a d'un côté les *aluminium hats*, les "chapeaux d'aluminium", ceux qui ne veulent pas que leur cerveau soit "scanné", c'est-à-dire ceux qui revendiquent l'anonymat. Ça, c'est plutôt la culture du Chaos Computer Club. Et puis, de l'autre côté, les partisans de la transparence totale, qui considèrent que la vie privée est une illusion et qu'il faut tout ouvrir. Ce sont deux points de vue extrêmes, mais c'est intéressant d'observer la manière dont ils dialoguent. »

Autre débat parfois sensible : la liberté d'expression. Dans la vision technique des hackers, toute information doit pouvoir se déplacer d'un point à un autre sans être altérée. *Information wants to be*

73. [www.piratenpartei.de].

free, dit la formule de Stewart Brand[74], créateur, à la fin des années 60, d'une encyclopédie de la contre-culture, le *Whole Earth Catalog*. Les hacktivistes de Telecomix utilisent, pour leur part, le concept de *datalove*[75], l'« amour des données », qui ne sont par principe ni bonnes ni mauvaises. Mais lorsque cette vision technique croise une vision militante pour laquelle tous les points de vue ne se valent pas, il arrive que ça coince.

Mareike Peter, la coordinatrice des députés pirates berlinois, par ailleurs très engagée contre l'extrême droite, juge assez sévèrement les tenants d'une liberté d'expression sans limites : « Je ne comprends pas ceux qui soutiennent la liberté de parole absolue sans s'interroger sur la dignité humaine, s'emporte-t-elle. Il faut discuter de ça, dans le Parti pirate, avec les membres qui n'étaient pas des militants avant. C'est le danger de ces mouvements, des gens qui n'ont pas nécessairement eu de réflexion politique globale sur un changement de système. »

74. Formule reprise par WikiLeaks près de quarante ans plus tard.
75. Voir les « Principes du datalove » : [datalove.me].

Il est parfois difficile d'avoir une position bien arrêtée. Ainsi BaN, 33 ans, l'un des membres du hackerspace de Saint-Brieuc, également actif dans Telecomix, s'avoue-t-il partagé, et pas forcément offusqué par le *deface* de sites d'extrême droite tel qu'il a pu être pratiqué par certains Anonymous ; quand d'autres, sans la moindre sympathie pour cette partie de l'échiquier politique, se diront pourtant prêts à fournir de l'aide technique en cas de censure. Par principe. « C'est peut-être un débat très français », suggère BaN. Ou à tout le moins européen. Il est vrai qu'aux États-Unis, le principe de la liberté d'expression souffre globalement moins d'exceptions.

Alors on se débrouille comme on peut – comme souvent, avec son éthique. En dégainant cette formule que Richard Stallman, le pape du logiciel libre, aime à citer : « La liberté de ton poing s'arrête à mon nez. » Ou en invoquant, une fois encore, les vertus de l'échange : « Quelqu'un qui appelle à la haine raciale, il ne faut pas l'ignorer, avance Okhin. Il faut le laisser exprimer ses idées, discuter avec lui, peut-être faire changer son point de vue… La seule solution à la haine, j'allais dire, c'est l'amour. Je sais, ça fait un peu fleur bleue…

Mais après tout, on est les hippies du Net. La mouvance hacker sort de la contre-culture, et la contre-culture sort du mouvement hippie. »

Make love, not war… Nous voilà, pour le coup, très loin de l'imagerie anxiogène façon *Zone interdite* ! Alors, si la réalité est évidemment toujours plus complexe que toutes les représentations, glissons ici, à l'appui de cette filiation déclarée avec les hippies, une petite constatation assez délicieuse. Le visiteur d'un hackerspace allemand finira toujours par tomber sur un… poney, qu'il soit en peluche, peint à la bombe dans un couloir ou affiché sur un mur. Mais pourquoi donc ? La réponse tombe dans un sourire à faire fondre un iceberg : *Because friendship is magic*[76]. Le sous-titre de la série animée *Mon petit poney*…

Enfin, s'il arrive que vision technique et vision militante entrent en conflit sur le plan des idées, leur articulation peut être plus délicate encore sur le plan des modes d'action, quand l'efficacité politique – et médiatique – prend le pas sur la préservation du réseau. Les agents Telecomix goûtent généralement assez peu les méthodes d'agit-prop

76. « Parce que l'amitié est magique. » Difficile, on en conviendra, de faire plus attendrissant…

d'Anonymous que sont le DDoS, l'attaque par déni de service, et le *deface*, le « défacement » de site web. La première, par l'afflux de requêtes coordonnées, pollue le réseau[77] ; quant au second, il est vécu comme une atteinte, précisément, à la liberté d'expression[78].

Au sein d'Anonymous même, les points de vue peuvent être contrastés, ce qui n'a rien d'étonnant compte tenu de sa nature extrêmement mouvante[79]. Sam, un tout jeune étudiant, a rejoint la nébuleuse début 2011, après en avoir eu écho dans quelques articles, fasciné qu'il était, dit-il, « par le côté lutte "pour le bien", la justice, la liberté, l'égalité. Un peu comme les Indignés, mais avec l'aspect anonyme, apolitique, et sans hiérarchie ». Pour lui, le DDoS s'apparente à une manifestation numérique, un sit-in. Mais présente l'inconvénient de faire prendre des risques aux petits nouveaux, peu rompus aux techniques

77. D'autant qu'il existe des logiciels qui permettent d'en démultiplier l'impact.
78. D'ailleurs, les agents Telecomix ayant participé à l'« OpSyria » s'excusent encore de la méthode utilisée pour entrer en contact avec les internautes syriens…
79. Voir chapitre 5, « Du bazar dans les cathédrales ».

de protection en ligne, donc traçables : « Si ces attaques étaient tolérées par la loi, pourquoi pas. Mais quitte à faire quelque chose d'illégal, autant que ce soit plus intéressant[80]. »

« Plus intéressant », c'est donc le *deface*, un moyen pour lui de « faire passer un message, comme remplacer l'enseigne d'une entreprise ». Richard Stallman, qui porte sur Anonymous un regard très compréhensif, ne dit pas autre chose : « C'est l'équivalent virtuel de recouvrir une affiche dans la rue. Traiter cela comme un crime, mettre en prison ceux qui ont écrit sur les affiches d'une entreprise ou d'un État injustes, c'est s'opposer à la démocratie. »

Bien plus épineuse encore est la question de la publication de données personnelles, appelée *dox*, pour « documents » en abrégé. Stallman, en bon défenseur de la vie privée, est cette fois très critique sur la méthode. « La diffusion de données, c'est davantage une "punition", explique pour sa part Sam. Alors est-ce que ça se justifie ? Ça dépend de

80. Petit rappel, à toutes fins utiles : l'attaque par déni de service comme le *deface* sont, dans la plupart des pays, considérés au minimum comme des délits et souvent sévèrement punis.

ce qu'on publie, et de qui on vise. C'est vrai que ça peut faire un peu peur. »

Même quand elle est utilisée, par exemple, en représailles contre la police new-yorkaise pour soutenir le mouvement Occupy Wall Street, la pratique du *full disclosure*, ou « divulgation complète », fait très souvent tiquer. Surtout quand les données contiennent noms, adresses, numéros de téléphone, et peuvent potentiellement constituer une menace pour l'intégrité des personnes concernées. Une fois de plus, « la liberté de ton poing s'arrête à mon nez ».

C'est moi qui l'ai FAI

Revenons à nos réseaux. Tout l'enjeu, on l'aura compris, pour les hackers, les hacktivistes et les militants des libertés numériques, est d'y permettre la libre circulation. Les manières de faire sont nombreuses. L'une d'entre elles consiste, tout simplement, à fournir l'accès au Réseau majuscule.

En France, le plus vieux fournisseur d'accès – 1992, déjà – est une association, FDN *(French Data Network)*, celle-là même qui a ouvert en janvier 2011 une connexion de secours pour les

Égyptiens privés d'Internet. Malgré l'augmentation des coûts dus au passage à l'ADSL, qui requiert d'installer des équipements plus nombreux, FDN n'a pas disparu alors que montaient en puissance les grands acteurs privés – et a même créé, en 2011, la Fédération FDN[81] (FFDN), avec l'objectif de « permettre à tous ceux qui le souhaitent de créer chez eux, entre eux, un fournisseur d'accès à Internet associatif, leur fournisseur d'accès ». La FFDN compte aujourd'hui près d'une quinzaine de FAI associatifs.

Parmi eux, Ilico, pour « Internet libre en Corrèze », lancé sur l'initiative de Julien Rabier, aujourd'hui vice-président de la FFDN : « En 2010, à Paris, j'ai assisté à une conférence de Benjamin Bayart, le président de French Data Network. Il y expliquait que c'était très simple de monter son propre fournisseur d'accès à Internet, qu'il suffisait de remplir quelques papiers et d'utiliser l'infrastructure de FDN. Avec Thomas, un ami corrézien assez actif dans le monde du logiciel libre, on s'est dit : dans ce cas, allons-y ! En janvier 2011, on avait notre premier abonné. »

81. [www.ffdn.org].

Un FAI associatif n'est pas fondamentalement différent d'un FAI commercial. « On vous fournit une petite boîte, à laquelle vous connectez vos ordinateurs, vos tablettes et vos téléphones, par câble ou via le WiFi, explique Julien Rabier. Et nous, sur cette petite boîte, on amène de l'accès à Internet, et on vous donne une adresse IP dite publique, qui vous permet de vous exprimer sur le réseau. »

Comme les grands, donc. À quelques détails près. Désavantage ou avantage, selon les points de vue, les fournisseurs associatifs proposent de l'Internet « nu ». Autrement dit, pas de téléphone, pas de télévision, pas d'espace de stockage, pas de boîte e-mail toute faite. Pour tout ça, il faut y aller à la débrouille et à l'huile de coude, mais il se trouvera toujours, au sein d'un FAI associatif, des bonnes volontés prêtes à vous indiquer la marche à suivre, pour par exemple monter un serveur d'e-mails. « Un abonné, chez nous, ce n'est pas juste un numéro dans une base de données », sourit Julien Rabier.

La connexion fournie, elle, est garantie sans additifs. C'est là l'un des chevaux de bataille de Benjamin Bayart, le fondateur de French Data Network et de la FFDN, et plus généralement des acteurs investis dans la défense des libertés numériques : la neutralité du Net. À savoir l'égalité de traitement des données qui transitent sur le réseau, sans altération, sans discrimination selon la source ou la destination. On retrouve, de nouveau, la vision technique chère aux hackers, selon laquelle l'intégrité d'une information doit être préservée de son expéditeur à son destinataire. Concrètement, les promoteurs de la neutralité du Net souhaitent que les fournisseurs d'accès se comportent uniquement comme des « tuyaux ».

Ainsi en 2009, au moment des négociations européennes autour du « paquet télécom », La Quadrature du Net a demandé – sans l'obtenir – l'inscription du principe de neutralité du Net dans la directive « cadre ». Pour éviter que se reproduise, par exemple, la mésaventure survenue en 2007 aux abonnés Neuf Cegetel : un accès brusquement ralenti au site de partages de vidéo DailyMotion[82], dans un contexte de négociations commerciales tendues… Au-delà des soucis de gestion de trafic à géométrie potentiellement variable, la question

82. Voir par exemple l'article de Christophe Guérit et Sébastien Delahaye, « Neuf et DailyMotion se battent à coups de tuyau », Écrans.fr, 16 août 2007 [www.ecrans.fr/Les-tuyaux-de-la-colere,1926.html].

est, bien sûr, très politique : « Internet, c'est un bouleversement dans nos vies citoyennes, insiste Julien Rabier. Sa neutralité, c'est ce qui garantit à chacun la possibilité d'émettre et de recevoir un message. C'est un enjeu de liberté d'expression. »

Politique aussi, au sens le plus large du terme, le principe du fournisseur d'accès à Internet associatif, auquel il faut adhérer avant de prendre son abonnement. À Nantes, une petite équipe de passionnés du logiciel libre a lancé FAImaison[83], qui utilise, comme Ilico, les lignes que FDN lui revend en « marque blanche ». « La démarche associative, ça crée du lien, avance Cthulhu, l'un des initiateurs du projet. Ton FAI, c'est toi. Les gens se réunissent, débattent, échangent... Du coup, s'amuse-t-il, ça donne l'occasion de boire plein de bières. »

Politique, enfin, la démarche même qui consiste à « se réapproprier sa connexion », comme le dit Émilien, autre animateur de FAImaison : « Est-ce que je suis juste un consommateur, qui diffuse ses données sans s'intéresser à ce qu'elles deviennent,

83. [www.faimaison.net].

ou est-ce que j'ai envie d'être un peu autre chose ? C'est cette question-là qu'on pose. »

Réappropriation, reprise du pouvoir sur la technologie – ce que résume, en anglais dans le texte, la notion d'*empowerment*, née aux États-Unis au début du XXe siècle. Une notion, elle aussi, chère au cœur des hackers du monde entier.

Voilà pourquoi aucun fournisseur associatif d'accès à Internet ne tient à faire concurrence aux grands acteurs du secteur, et voilà pourquoi French Data Network, confronté à une augmentation du nombre de ses adhérents, a préféré créer une fédération et encourager la naissance de FAI locaux. « L'idée, ce n'est pas forcément de se développer, appuie Émilien. Ce qu'on veut développer, c'est l'idée de fournisseurs d'accès locaux et associatifs, pour qu'il y en ait le plus possible. L'important, c'est la diversité. »

Décentralisation, quand tu nous tiens…

Une maille après l'autre

La décentralisation, la multiplication des acteurs, la réappropriation technologique, c'est aussi ce qui permet de se confronter à ce qui est tout sauf un impensé chez les hackers et les hacktivistes : la fracture numérique. Car comment utiliser tout le potentiel du réseau, comment communiquer et partager quand des portions entières de territoires en sont exclues ?

La couverture des « zones blanches » passe désormais notamment par la mise en place de réseaux WiFi « maillés » *(mesh networks)*. C'est ce à quoi travaillent, depuis une dizaine d'années, quelques « communautés WiFi » : Guifi[84] en Espagne, FunkFeuer[85] en Autriche, ou encore Freifunk[86] en Allemagne.

Freifunk est née en 2002. Elektra Wagenrad, consultante indépendante en technologies de l'information, en est l'une des chevilles ouvrières. Cette solide Berlinoise aux cheveux longs pose très concrètement le problème : « Imaginons un pays pauvre d'Afrique qui souhaite construire un réseau de communication. S'il le fait en tirant de la fibre vers chaque maison, ça va coûter extrêmement cher. Ce qu'on propose, c'est que les gens eux-mêmes construisent leur propre réseau, grâce à une technologie sans fil. »

Un réseau « distribué, décentralisé, sans contrôle ni censure », ajoute Jürgen Neumann, l'un des

84. [www.guifi.net].
85. [www.funkfeuer.at].
86. [www.freifunk.net].

porte-parole de Freifunk. Techniquement, donc, un maillage d'appareils sans fil, communiquant via la *junk band*, cette « bande poubelle » dont les fréquences s'étalent de 2,4 à 2,5 gigahertz, librement et gratuitement utilisable. Maillage par lequel peuvent transiter aussi bien des messages, des fichiers, que des communications téléphoniques. Et qui peut être, à son tour, relié au « réseau des réseaux ».

C'est ce qui, dans les faits, a permis par exemple d'amener Internet aussi bien dans des zones rurales des Pyrénées espagnoles ou du Djursland danois que dans des villages tibétains[87]. Et les pouvoirs publics s'y intéressent : ainsi Elektra Wagenrad a-t-elle travaillé avec le CSIR (le Conseil pour la recherche scientifique et industrielle), sous l'égide du Parlement sud-africain, à un projet nommé « Mesh Potato », pour démocratiser l'accès à Internet et à la téléphonie fixe[88].

87. Lire à ce sujet Ophélia Noor, « Le WiFi libre entre en résistance », Owni.fr, 12 septembre 2011 [owni.fr/2011/09/12/wifi-alternatif-ondes-radio/].
88. Voir Élisa Mignot, « Allô Elektra ? », 6 avril 2011, sur le site de la Gaîté lyrique : [www.gaite-lyrique.net/gaitelive/allo-elektra].

La solution n'est certes pas universelle : le maillage d'appareils sans fil ne remplacera jamais les « gros tuyaux » du Net. « Ça prendrait des millions d'étapes pour aller, mettons, de Berlin jusqu'en Inde, sourit Elektra Wagenrad. Mais dans des zones de trois à cinq kilomètres, là où les gens sont pauvres et mobiles, ça permet de créer du réseau. »

Internet partout, ce n'est donc pas une utopie de geek dans sa bulle, mais le terrain d'action très concret des apôtres de la libre communication.

Hackers des Sept Mers

Reste que, sur le globe, la terre n'occupe que 29 % de la surface. Mais des volontés aussi farouches de créer des réseaux partout ne sauraient s'arrêter à ces triviales considérations. Sur les 71 % restants aussi, les hackers s'activent.

À Berlin, c'est Ijon, un grand baraqué sorti en marinière – ça ne s'invente pas – des sous-sols du hackerspace C-base, qui est à la manœuvre. Lui-même amariné depuis l'enfance, Ijon est parti d'un constat simple : les marins ont besoin de cartes, les cartes sont chères, trop peu mises à jour, souvent corrigées à la main, avec un risque d'erreur non négligeable, alors même qu'il existe, sur la terre ferme, des solutions logicielles très efficaces de traitement et de mise à jour des données.

Un seul exemple : il faudrait, dit Ijon, cent soixante ans à la NOAA *(National Oceanographic & Atmospheric Administration)* pour faire un seul relevé des eaux commerciales américaines dans la zone des douze milles : « Ça devrait être évident qu'un changement est possible et bénéficierait à tout le monde. »

D'où la naissance, en 2011, de Hackerfleet[89], projet de « communauté de navigation appuyée sur du matériel et du logiciel ouverts ». Côté conception, les travaux ont vite avancé. Les trois permanents et la petite dizaine de bénévoles ont mis au point deux boîtes. La première, la boîte de contrôle, centralise et emmagasine toutes les informations qui circulent déjà sur un bateau – mesures de vent, de profondeur, de distance ou de temps – et les enrichit à l'aide de cartes, de bulletins météo ou de données de trafic maritime. L'ensemble doit être accessible à partir de n'importe quel terminal – ordinateur portable, tablette ou smartphone – via un réseau

89. [hackerfleet.org].

local WiFi, donc à tout membre de l'équipage et en tout point du bateau.

Quant à l'autre boîte, la boîte de mât, elle est l'un des « nœuds » d'un potentiel réseau maillé entre les bateaux. « Lorsqu'elles s'approchent les unes des autres, les boîtes de mât se connectent automatiquement pour se transmettre les informations, explique Ijon. Imagine un groupe de bateaux dans un port. Une tempête passe et fait bouger les bancs de sable. Le premier bateau à quitter le port peut prévenir le suivant, et lui éviter de s'échouer. »

Hackerfleet a aujourd'hui ses prototypes, régulièrement testés, et son *business model* : abonnement payant, pour les navires professionnels, au « réseau des bateaux », l'Open Data Sea Mesh ; service, et vente de matériel déjà construit. Lui manquent quelques investisseurs pour mettre un peu de carburant dans le moteur. Reste aussi l'épineux problème de l'utilisateur final. « Le système que nous avons mis au point est assez complexe, pas évident à expliquer, continue Ijon. Ça veut dire qu'il nous faut une interface utilisateur vraiment fluide, vraiment simple à prendre en main pour n'importe quel marin. S'il faut lire un manuel pour utiliser notre matériel, personne ne s'en servira. »

En attendant, Ijon rêve, à long terme, de bateaux intelligents, capables d'aller au-delà du pilotage automatique pour prendre des décisions rationnelles à partir d'une multitude d'informations. En cas d'intoxication alimentaire de l'équipage, ça peut servir…

2034, l'odyssée de l'espace

Si donc ni la terre ni la mer n'échappent aux adeptes de la connexion permanente, *quid* de l'espace ? Ce sera pour 2034. Du moins si on en croit l'Américain Nick Farr, cofondateur de la Hacker Foundation[90], et ses comparses allemands Jens Ohlig et Lars Weiler.

Voici la teneur de leur exposé au Chaos Communication Camp[91] d'août 2011 : « Nous proposons un programme spatial hacker *[Hacker Space Program]* en trois phases, qui peuvent à notre sens être accomplies dans les vingt-trois prochaines

---

90. Lancée en 2003, la Hacker Foundation a pour objectif de financer des recherches indépendantes au sein de la communauté hacker et d'apporter une assistance en termes de management de projet.
91. Le Chaos Communication Camp est un rassemblement estival de hackers organisé tous les quatre ans par le Chaos Computer Club.

années. La phase un consiste à lancer un réseau satellitaire ouvert et librement accessible, construit par des hackers, qui sera la défense ultime contre la censure terrestre d'Internet. Si cela a l'air trop facile, passons à la phase deux : mettre un hacker sur orbite. Ce sera la préparation de la phase trois. Nous prévoyons, d'ici 2034, de faire atterrir un hacker sur la Lune[92]. »

« Il est très intéressant de constater que personne n'a abordé la question du trajet retour », sourit Hadez, confortablement installé dans l'un des canapés de Shackspace, le hackerspace de Stuttgart.

Revenons en effet à Shackspace et à ses membres : à leur grand étonnement, ils se sont retrouvés sous le feu des projecteurs en janvier 2012, lorsque le site de la BBC, notamment, a lancé l'alerte : « Des hackers prévoient de lancer des satellites pour combattre la censure[93] ! » Un tirage papier

92. Texte original sur le site du Chaos Communication Camp : [events.ccc.de/camp/2011/Fahrplan/events/4551.en.html].

93. David Meyer, « Hackers Plan Space Satellites to Combat Censorship », 4 janvier 2012 [www.bbc.co.uk/news/technology-16367042].

de l'article figure en bonne place sur un tableau d'affichage, à côté de quelques coupures de presse, et non loin d'un « satellite » en papier doré suspendu au plafond – « le seul qu'on ait jamais lancé », pouffe Hadez.

Car la réalité est à la fois plus prosaïque, moins « glamour » et plus enthousiasmante, peut-être. Nos quatre hackers de Stuttgart investis dans le projet Hackerspace Global Grid[94] – Hadez, Armin, Tim et Andreas, trois informaticiens et un ingénieur en aéronautique, entre 24 et 29 ans – ne vont pas se fatiguer à expédier des satellites… puisqu'il y en a déjà. Le premier satellite radioamateur a été lancé en 1961, trois ans après Spoutnik. Depuis, une quarantaine d'autres ont rejoint l'espace. Ça tombe bien, les liens entre les communautés de radioamateurs et les hackers sont anciens et solides. Il est vrai qu'un radioamateur n'est jamais qu'un hacker spécialisé dans les liaisons radio…

À Stuttgart, on suit aussi de près les activités d'une fondation danoise adepte du travail ouvert et collaboratif, qui s'adonne pour sa part à l'envoi

94. Détaillé sur le site de Shackspace : [shackspace.de/wiki/doku.php?id=project:hgg].

de fusées. Copenhagen Suborbitals[95] a été initiée en 2008 par Kristian Von Bengston, un architecte spécialisé dans les engins spatiaux, et Peter Madsen, un artiste-ingénieur qui à ses heures perdues conçoit des sous-marins.

Le premier prototype de fusée a été baptisé en juin 2011, depuis une plate-forme sur la Baltique. L'engin n'est monté qu'à 2,8 kilomètres de haut, le propulseur ayant été stoppé au bout de vingt et une secondes. On n'en est certes pas aux 39 kilomètres de l'Autrichien Felix Baumgartner, mais une fusée est un peu plus difficile à manier qu'un ballon gonflé à l'hélium… L'objectif, à terme, c'est la fameuse « ligne de Kármán », à 100 kilomètres au-dessus du sol, qui marque la limite entre l'atmosphère terrestre et l'espace.

Mais si Hadez, Armin, Tim et Andreas ne fabriquent ni satellites, ni fusées, alors que font-ils au juste ? Pour aller vite, ils préparent le terrain. Le point de départ de Hackerspace Global Grid, c'est que pour établir précisément la position d'un satellite, il faut pouvoir le « trianguler », ce qui n'est possible qu'à partir de plusieurs stations au

95. [www.copenhagensuborbitals.com].

sol disposant d'outils de mesure complexes et extrêmement précis. Voilà à quoi on travaille, à Shackspace : à construire le matériel et les logiciels permettant de recevoir et d'utiliser le signal d'un satellite en basse orbite.

L'intérêt le plus immédiat, c'est de pouvoir vérifier en temps réel qu'un satellite tout juste expédié est bien en place, une donnée de base que les sociétés commerciales ne livrent jamais avant deux semaines. À terme, avec un réseau étendu de stations au sol, on peut suivre un satellite vingt-quatre heures sur vingt-quatre. Et envisager de passer de la réception à l'émission. Et ainsi, de fil en aiguille…

« C'est ça, l'idée du Hacker Space Program, insiste Hadez. Mettre en lien des gens qui travaillent sur différents projets, pour aboutir à quelque chose d'énorme. » En effet : avec des satellites déjà en place, des fusées en train de se faire, un projet de réseau de stations au sol… cet Internet alternatif, ce n'est peut-être pas seulement une blague de hacker, ou une lubie de journaliste en mal de sensations fortes ? Hadez tempère : « C'est l'étape vingt, peut-être. Nous, on en est à l'étape deux. » Alors dans dix ou quinze ans ? Sourire, étincelle au fond de l'œil très clair : « Il va peut-être se passer des choses incroyables dans les deux ou trois prochaines années… »

Un hacker dans l'espace en 2034 ? On finirait par y croire.

Les artisans du projet Hackerspace Global Grid devraient, en tout cas, trouver une longueur d'onde commune avec Fabienne Serrière, notre Berlinoise hackeuse de machines à tricoter. De son côté, elle a redéfini la fréquence d'écoute d'une antenne originellement conçue pour la télévision numérique, et capte avec son nouveau jouet le signal de la station spatiale internationale. Fabienne a d'ailleurs postulé auprès de la NASA pour partir dans l'espace. Si ça ne marche pas, elle pourra toujours se rattraper en 2034…

Chapitre 3

Culture du partage, partage de la culture

« Dans notre monde, tout ce que l'esprit humain peut créer peut être reproduit et distribué à l'infini sans que cela coûte rien. La transmission globale de la pensée n'a plus besoin de vos usines pour se faire[96]. »

96. John Perry Barlow, « Déclaration d'indépendance du cyberespace », 1996. Voir introduction, « Le changement, c'est maintenant ».

C'est l'histoire d'un jeune homme qui, en 1971, trouve, selon ses mots, « le job de rêve » : développeur de logiciels au laboratoire d'intelligence artificielle du Massachusetts Institute of Technology. Avec des collègues, il échange des idées, des bouts de code, élabore en permanence de nouveaux outils, dont il donne des copies à qui a envie de les utiliser.

Les années passent. Les premières rides apparaissent. Autour du labo du MIT, le monde change. On fait de moins en moins ce qu'on veut avec les logiciels ; les copier devient peu à peu illicite. Et puis voilà que la belle machine sur laquelle travaillent le jeune homme et ses collègues devient l'enjeu de rivalités commerciales. Il a bientôt 30 ans, et il doit se rendre à l'évidence : sa communauté est en train de mourir, l'esprit de partage a vécu. Il est le dernier des Mohicans. Un jour ou l'autre, il devra céder, ou partir.

Il va partir.

« Pour moi, dit-il aujourd'hui, accepter ce qui se passait, ça aurait été perdre presque tout. Ça aurait signifié haïr ma vie. Alors j'ai décidé de construire une nouvelle communauté de coopération. »

C'est l'histoire de Richard Stallman, qui avait trop goûté à la liberté pour accepter d'y renoncer.

Et Stallman se mit à GNU

Nous sommes en février 1984 quand Richard Stallman claque définitivement la porte du MIT pour se consacrer tout entier à son grand projet, le système d'exploitation libre GNU[97]. Le mois précédent, Steve Jobs, le jeune patron d'Apple, a lancé une petite révolution en commercialisant le tout premier Macintosh : un gros cube beige dont l'écran présente à l'utilisateur non plus des lignes de code, mais – ô joie pour les non-informaticiens ! – des icônes, des fenêtres et des menus déroulants, accessibles en un clic de souris.

97. GNU signifie, dans un trait d'humour typiquement hacker, « GNU's Not UNIX » – GNU n'est pas UNIX, le système sur lequel il est basé et qui, originellement libre, est devenu propriétaire en 1983.

Stallman, lui, se soucie moins de confort que d'éthique. Faire joli, ce n'est pas son problème : une cage dorée reste une cage, et un logiciel propriétaire, selon son expression, un « logiciel privateur » – sous-entendu : de libertés.

Le logiciel libre tel qu'il l'entend, et tel qu'il l'a théorisé dans cette première moitié des années 80 qui voit émerger l'informatique grand public, doit répondre à quatre critères : chacun doit pouvoir librement l'exécuter – le « faire tourner », en langage profane – mais aussi le copier, le distribuer, et enfin le modifier, à condition de reverser ses travaux à la communauté des développeurs, ce qui implique que le code source du programme soit accessible.

L'ensemble sera affiné en 1989 avec la publication de la première licence publique générale GNU, ou GNU GPL (pour *General Public License*), qui sécurise le logiciel libre en lui offrant un cadre juridique et en s'appuyant sur la notion, assez ironique, de *copyleft*. Toute réappropriation privée d'un travail publié sous licence GNU GPL devient illégale : petite revanche sur les adeptes du copyright... Entre-temps, Stallman a également lancé, pour soutenir financièrement son GNU, la FSF *(Free Software*

Foundation)[98], qui œuvre plus généralement à la promotion et à la défense du logiciel libre. La FSF est portée sur les fonts baptismaux en octobre 1985. Un mois avant la sortie du tout premier système d'exploitation Windows de Microsoft…

Souvenons-nous des deux premiers points de l'éthique hacker, tels que Steven Levy les a définis en 1984 dans *Hackers: Heroes of the Computer Revolution*[99] : libre accès aux ordinateurs et à tout ce qui permet d'améliorer la connaissance, liberté de l'information. La formalisation du logiciel libre en découle… de source. D'ailleurs, pour les hackers, tout ça est souvent, d'abord, une question de bon sens : plus on est nombreux à travailler sur un code ouvert, plus vite il s'améliore. Comme le dit BaN, au hackerspace de Saint-Brieuc : « Quand quelque chose a été fait et que ça marche, tu ne vas pas t'épuiser à le refaire ! Tu le prends, tu l'améliores, et tu le redonnes. »

Autre intérêt, et pas des moindres : parce qu'on peut librement le copier et le redistribuer, le logiciel libre peut sensiblement abaisser les barrières à l'entrée du monde merveilleux de l'informa-

98. [www.fsf.org].
99. Voir chapitre 1, « Ce que hacker veut dire ».

tique, d'autant qu'il résiste mieux à l'obsolescence des composants. Il existera toujours un système d'exploitation libre capable de « tourner » sur une machine percluse par les ans.

« Je viens d'une famille modeste, raconte ainsi Julien Rabier, le président du FAI associatif Ilico. Mon premier ordinateur, je l'ai récupéré via une entreprise qui s'en débarrassait. C'est un proche de ma famille qui m'a fait découvrir le logiciel libre, et c'est comme ça que tout a commencé. » Quant à Matthias Kirschner, le coordinateur berlinois de la branche européenne de la Free Software Foundation[100], c'est en voulant faire communiquer deux vieux ordinateurs qu'il a découvert les joies de la bidouille sans entraves.

Mais le logiciel libre, dans la tête de Richard Stallman, ce n'est pas seulement une manière plus agréable et plus efficace de travailler ensemble. C'est une philosophie, qu'il a l'habitude de résumer en trois mots : liberté, égalité, fraternité. *Liberté* des utilisateurs, *égalité* dans l'usage de cette liberté, *fraternité* par la coopération. Il considère d'ailleurs avoir élevé au rang de « pensée politique » ce qui,

100. [www.fsfe.org].

pour les autres hackers du MIT, n'était « qu'une préférence ». Ça n'est pas très modeste, mais c'est assez vrai.

Jérémie Zimmermann, le porte-parole de La Quadrature du Net, se souvient de la première fois où il a entendu Stallman s'exprimer, lors d'une conférence en 1998 : « Je vois ce bonhomme, avec sa grosse barbe, qui explique, dans un français quasi parfait, l'histoire de son imprimante au MIT[101]. Et là, je prends une grosse claque dans la figure. Je comprends que le logiciel libre, ce n'est pas simplement un joujou plus compliqué que les autres, mais que c'est un projet de société. Ce sont des technologies structurées autour d'un modèle social qui permet de faire en sorte que ce soit toujours l'être humain qui contrôle la machine, et non l'inverse. »

Réappropriation, reprise du contrôle. *Empowerment*, encore.

101. Entre autres épisodes qui ont conduit Stallman à quitter le MIT pour lancer son propre projet, figure en bonne place sa colère face à une imprimante Xerox victime de bourrages papier à répétition, et pour laquelle il n'a rien pu faire faute d'accès possible au code source.

Pour un hacker, utiliser des logiciels sans avoir la capacité de comprendre comment ils fonctionnent et de les améliorer, c'est un abandon de souveraineté. C'est accepter la limitation des connaissances ; accepter le pouvoir de la machine sur l'homme quand, dit Matthias Kirschner, « les logiciels devraient faire ce que tu leur demandes, pas le contraire » ; c'est accepter, enfin, le pouvoir des constructeurs sur les utilisateurs.

Early adopter du réseau social Twitter et observateur attentif des communautés hackers, le blogueur allemand Michael Seeman est loin d'être un fondamentaliste du logiciel libre : « J'utilise beaucoup de matériel et de logiciels propriétaires, et je ne pense pas que ce soit une mauvaise chose, à la base. Mais il faut être attentif au pouvoir qu'on donne aux entreprises à travers ça. Il faut des alternatives, et c'est là que les hackers interviennent. Apple fait de très bons produits, mais je ne veux pas y être soumis. Tant que je peux "jailbreaker"[102]

102. Le *jailbreak*, ou « débridage », consiste à débloquer toutes les fonctionnalités d'un smartphone Apple pour contourner les restrictions imposées par la firme à la pomme. L'opération permet notamment d'installer d'autres applications que celles vendues via l'AppStore.

mon iPhone, ça signifie qu'Apple ne fait pas tout ce qu'il veut. »

Encore faut-il aider les utilisateurs à se libérer. Pour mener à bien cette mission, le logiciel libre a son réseau de bons apôtres. La maison mère, la Free Software Foundation de Boston, a essaimé en Inde, en Amérique latine ainsi qu'en Europe, avec la FSFE basée à Berlin. Il existe aussi des associations nationales, comme en France l'April, fondée en 1996, ainsi qu'une myriade d'associations locales.

Toujours sur le métier remettre son ouvrage. Expliquer, donc, au plus grand nombre possible d'interlocuteurs, des administrations au grand public en passant par les journalistes, ce qu'est le logiciel libre. Organiser des *install parties* pour ceux qui sont prêts à faire le grand saut – lâcher les deux grands systèmes d'exploitation propriétaires que sont Windows ou Mac OS, ou désormais débrider leur smartphone – mais qui préféreraient être accompagnés dans l'aventure. Et puis, de plus en plus, défendre la pratique du libre.

Avec l'extension du domaine des brevets sur les logiciels, la multiplication des formats propriétaires et celle des verrous numériques, les fameux DRM (pour *Digital Rights Management*) qui restreignent l'utilisation des supports et des œuvres, nager en eaux libres n'est pas toujours très confortable. « J'ai interdit à mon entourage d'acheter des DVD à mes enfants, parce qu'à chaque fois je galère pour les lire, peste Frédéric Couchet, le délégué général de l'April. Ça ne me pose aucun souci de payer pour des DVD, à condition qu'il n'y ait pas de DRM. Concrètement, ça rend la vie impossible à des utilisateurs honnêtes. Ceux qui ne veulent pas payer, eux, tricheront toujours. »

Plus problématique encore peut être l'usage des formats propriétaires par les administrations publiques. Martin, jeune stagiaire à la FSFE, cite le cas d'une entreprise slovaque condamnée à une amende pour avoir déposé sur papier une déclaration de TVA, au lieu de la remplir en ligne, comme c'est devenu obligatoire. Problème : l'entreprise en question utilise un système et des logiciels libres, quand l'application de déclaration de TVA ne fonctionne que sous Windows…

Malgré ces obstacles, la galaxie du libre a obtenu des résultats. Beaucoup d'utilisateurs l'ignorent, mais le client de messagerie Thunderbird, la suite bureautique LibreOffice, le lecteur multimédia VLC ou encore le navigateur Firefox – un vrai succès public – sont autant de logiciels libres. La fusion, au début des années 90, entre les outils du projet GNU et le « noyau » développé par l'étudiant finlandais Linus Torvalds a donné naissance au système d'exploitation Linux, ou GNU/Linux[103], un modèle de robustesse et de stabilité, devenu monnaie courante dans l'équipement de serveurs d'entreprises et d'administrations. Ainsi par exemple Cthulhu, étudiant en informatique et animateur de l'association Linux Nantes[104], note-t-il une propension significative à l'usage du logiciel libre parmi les entreprises de l'agglomération nantaise, une trentaine d'entre elles ayant même créé une structure dédiée, Alliance libre.

103. Le système s'est d'abord popularisé sous le nom de « Linux », le nom du noyau développé par Torvalds, avant que Stallman ne milite pour l'appellation « GNU/Linux », au motif qu'un noyau seul ne constitue pas un système complet et ne sert à rien sans les logiciels qu'il fait fonctionner. Cela étant, il existe des versions de Linux sans composants GNU… Le lecteur passionné par ces querelles sémantiques pourra se reporter à l'article qu'y consacre l'encyclopédie en ligne Wikipédia : [fr.wikipedia.org/wiki/Linux_ou_GNU/Linux].
104. [www.linux-nantes.org].

Car contrairement à ce que pourrait laisser penser l'ambiguïté du terme *free* dans *free software*, les promoteurs de l'informatique collaborative ne vivent pas que d'amour, d'eau fraîche et de code partagé. Le libre a généré son écosystème économique. Le cœur n'en est pas la vente de systèmes d'exploitation et de logiciels – même si des distributions libres sont disponibles dans le commerce, parfois plus simples à prendre en main pour le néophyte – mais plutôt le service, la maintenance et la formation. « Le libre, ça n'est pas de l'anticapitalisme, ce serait plutôt de la lucrativité limitée », sourit BaN, de Saint-Brieuc.

L'économie n'est pas forcément incompatible avec l'éthique, même si elle a provoqué, à la fin des années 90, une scission au sein de la Free Software Foundation, entre d'un côté les « stallmaniens » attachés au concept de logiciel libre, et de l'autre les partisans du hacker Eric S. Raymond, théoricien de l'*open source*. Autrement dit la « source ouverte », une notion moins idéologique que pratique, plus axée sur les avantages techniques du modèle collaboratif… et évidemment moins à même de faire fuir les investisseurs potentiels.

En 1998, après son départ de la FSF, Eric S. Raymond a créé l'OSI (*Open Source Initiative*[105]). Dans les faits, un logiciel libre au sens de la FSF est toujours *open source* au sens de l'OSI, et l'inverse est souvent vrai, même si les licences *open source* sont moins contraignantes que la GNU GPL[106]. En tout cas, le paysage est plus contrasté que ce qu'a pu en dire Bill Gates : le fondateur de Microsoft n'hésitait pas, en 2005, à parler de « communistes d'un nouveau genre »…

Les mains sous le capot

Reste un secteur que le logiciel libre a décidément bien du mal à pénétrer : celui de l'informatique grand public. Bill Gates n'y est pas pour rien, lui dont le système Windows équipe par défaut la quasi-totalité des ordinateurs (94 % des PC vendus en 2011). Voilà qui n'encourage pas à explorer les alternatives. Le libre a également longtemps souffert de son aridité. « Quand j'ai commencé, il n'y avait même pas d'interface graphique », se souvient Matthias Kirschner, qui n'a pourtant que 30 ans.

105. [www.opensource.org].
106. L'une d'elles autorise notamment l'embarquement de code libre dans du code propriétaire : inenvisageable pour Stallman et ses partisans.

Difficile, il y a encore une dizaine d'années, pour un utilisateur non averti d'installer une distribution Linux sans s'arracher les cheveux... Encore aujourd'hui, on a pu trouver, dans un hackerspace rennais, un authentique « Mac-fan » jurant ses grands dieux que « le libre, c'est génial pour développer » mais que, « au quotidien, c'est insupportable »[107].

L'ergonomie a pourtant fait d'énormes progrès. Certaines distributions Linux sont même particulièrement *user friendly* : c'est le cas d'Ubuntu, forte d'une communauté mondiale évaluée à vingt-cinq millions d'utilisateurs, et du sponsoring de la société Canonical dont le fondateur, Mark Shuttleworth, est aussi le premier Sud-Africain à avoir voyagé dans l'espace. Le bureau Ubuntu ressemble d'ailleurs de plus en plus à celui de... Mac OS. « On a cette image de Linux difficile d'accès, déplore Élodie, la compagne de BaN, utilisatrice depuis plusieurs années. Alors que dans les faits, c'est très simple et c'est gratuit. »

Pour Frédéric Couchet, pas de doute : « Aujourd'hui, les outils sont prêts, il faut simple-

107. Déclaration qui a bien sûr provoqué des torrents de protestations parmi les occupants du lieu.

ment que l'utilisateur ait le choix entre plusieurs systèmes, pas seulement les systèmes propriétaires. C'est une question de temps. Je suis persuadé qu'on atteindra le point de bascule dans les années à venir. »

Vision optimiste. Pourtant, ceux et celles qui en ont fait l'expérience le savent, on ne bascule pas dans le « tout libre », même le plus adapté au débutant, sans mettre de temps à autre les mains sous le capot – c'en est d'ailleurs le principe même, et le grand intérêt. Alors que font-ils, nos disciples de la liberté, de la servitude volontaire, comme dirait La Boétie ? De ceux qui préfèrent le confort à la bidouille ? Encore faut-il que les dés ne soient pas pipés, rétorque Frédéric Couchet, qui rappelle qu'« à cause des DRM, beaucoup de choses fonctionnent mieux sous Mac ou Windows ».

Encore faut-il aussi que la servitude soit vraiment volontaire. « Tant qu'il n'y aura pas une éducation poussée à la technologie, à ses implications éthiques, politiques, philosophiques, il sera impossible de faire ce choix consciemment », argumente ainsi Jérémie Zimmermann, de La Quadrature du Net.

Et puis après tout, la servitude n'est pas forcément éternelle... C'est ce que rappelle Richard Stallman : « Si quelqu'un veut vraiment se comporter comme un esclave, on ne peut pas l'empêcher de le faire. Mais si un jour il décide de ne plus être esclave, il doit pouvoir se libérer. »

Ce jour-là, il trouvera à qui parler.

Une « affaire de geeks » ?

On aurait pu s'imaginer que la médiatisation des questions touchant aux libertés numériques, à la faveur des printemps arabes puis des mobilisations contre le traité européen anticontrefaçon ACTA, donnerait un coup de fouet – et du sang neuf – aux partisans du logiciel libre. D'autant que le texte, même dans sa version finale expurgée, continuait à leur poser un sérieux problème[108] : il y était question, au nom de la protection des industries culturelles, d'interdire tout contournement technique des DRM, ces verrous numériques qui, on l'a vu, rendent certains supports illisibles sur des systèmes non propriétaires.

108. Voir le dossier que l'April a consacré à ACTA : [www.april.org/acta].

Mais rien n'est simple, et les anti-ACTA ne se sont pas soudainement mués en adeptes de GNU/Linux. « Sur les questions directement liées au copyright, c'est assez facile de sensibiliser, mais avec les ordinateurs et les logiciels, c'est un peu différent, juge Matthias Kirschner. Beaucoup de gens s'intéressent à la technique, mais pas au contrôle qu'ils peuvent avoir sur elle. »

Et de citer en exemple les conférences de la FSFE, remplies de bienheureux possesseurs de matériel Apple. Et c'est vrai qu'on a pu les voir, ces nuées de geeks attentifs prenant consciencieusement leurs notes, les mains sur le clavier de leur portable MacBook, lors d'une conférence de Richard Stallman – l'homme pour qui la firme à la pomme, avec son écosystème clos du constructeur à l'utilisateur, est une hérésie…

Quant aux printemps arabes, ils n'ont pas généré une déferlante d'as de la bidouille informatique, ni même un véritable intérêt dans les sociétés civiles. « En Égypte, en Tunisie, on a assisté à une vraie prise de conscience sur les libertés numériques, note Nicolas Diaz, le webmaster de la FIDH[109]

109. [www.fidh.org].

(Fédération internationale des ligues des droits de l'homme). Mais ce qui est frustrant, c'est qu'on est très loin du compte en termes d'apprentissage des outils et de souveraineté technologique. »

Il arrive, bien sûr, que des cyberdissidents se muent en hackers. C'est le cas de Syrian Major, l'une des chevilles ouvrières de Telecomix sur l'Internet syrien : ce sont ses premiers contacts Anonymous qui, après l'avoir entraîné de Twitter jusqu'au monde alors inconnu des serveurs IRC, l'ont ensuite initié aux joies du libre. De quoi, dit-il, commencer à étancher « une soif terrible de connaissances ». Mais pas de bascule généralisée, loin de là.

C'est tout le problème, aujourd'hui, de la communauté du logiciel libre en Tunisie. À Tunis, une poignée de jeunes gens est à l'origine du premier hackerspace de la ville. Elle a aussi fondé une association, HackerScop, dont l'objectif est de créer d'autres hackerspaces dans le pays, notamment là où la disette technologique se fait le plus durement sentir.

On est loin des années noires telles que les a connues Ali Hentati, l'un des membres du hackerspace : « Sous Ben Ali, c'était compliqué de travailler, explique-t-il, parce qu'on était des groupes informels. Pour n'importe quelle activité, il nous fallait une couverture juridique. Dans les facs, ça allait, parce qu'il y avait des clubs… Mais quand Ubuntu Tunisie a voulu monter une association, elle a été infiltrée par le RCD. La communauté du libre a été pourchassée par le régime. »

Actif pendant la révolution du Jasmin, le petit groupe est aujourd'hui très investi dans le mouvement qui se développe autour de la transparence des données publiques et de l'OpenGov, la « gouvernance ouverte »[110]. Des années de dictature et d'opacité, voilà qui vous forge une conscience citoyenne aiguë. Là-bas, un promoteur du libre est un hacktiviste par nature, qui milite « pour les libertés numériques, contre la censure, pour la transparence, pour que ces valeurs prennent effet dans la vie politique », souligne Aymen Amri, alias Eon, l'un des animateurs de HackerScop.

La tenue, en mars 2013, du Forum social mondial à Tunis a également poussé les hackers à s'intéresser de près au mouvement altermondialiste, au point de se présenter comme des « altermondialistes

110. Voir chapitre 4, « Démocratie 2.0 ».

numériques » : « le logiciel libre et l'économie solidaire, ce sont les mêmes enjeux », juge Aymen.

Mais s'il n'est pas toujours simple de sensibiliser aux enjeux de la gouvernance ouverte la population tunisienne, confrontée à l'urgence d'un chômage massif, la question de l'ouverture des solutions techniques paraît plus lointaine encore. « Ce n'est pas parce que les gens s'intéressent à la transparence en politique qu'ils s'intéressent au logiciel libre, regrette Ali Hentati. Pour beaucoup, ça reste une affaire d'informaticiens, de geeks. »

Alors on fait comme on a toujours fait, par capillarité, par discussions avec l'entourage immédiat. Et on utilise les nouveaux leviers de la démocratie retrouvée. En mai 2012, Richard Stallman en personne est venu donner trois conférences dans le pays et a pu se livrer à l'un de ses passe-temps favoris : se déguiser en saint de pacotille, auréole sur la tête, pour s'en aller pratiquer un « exorcisme ». En l'occurrence, celui du siège tunisois de l'entreprise Bull, dont la filiale Amesys a équipé en matériel de surveillance quelques régimes peu soucieux de droits de l'homme[111].

111. Voir Jean-Marc MANACH, *Au pays de Candy*, Owni Éditions, 2012.

Génération Facebook

La communauté tunisienne du logiciel libre se heurte, il est vrai, à une question épineuse qui n'a pas fini de faire gamberger les hacktivistes du monde entier : que faire quand l'un des principaux outils de la « démocratie numérique » émergente est la propriété d'une entreprise de Palo Alto, en Californie ?

Pour un « libriste » pur et dur, Facebook est un cauchemar. Comme le disent les connaisseurs : quand c'est gratuit, c'est vous qui êtes le produit. Le fait qu'un acteur centralisé puisse emmagasiner quantité de données privées et décider seul quoi en faire – au mieux, de la publicité ciblée – n'est pas un mince problème. Surtout quand nombre d'utilisateurs n'ont conscience ni de l'ampleur de ce qu'ils livrent, ni de l'usage qui peut en être fait.

Seulement voilà : c'est d'abord sur le réseau social de Mark Zuckerberg que les jeunes de la classe moyenne tunisienne se sont échangé des informations, et c'est toujours Facebook qui sert de caisse de résonance aux débats qui agitent la société civile. « Le rôle des médias sociaux n'est pas le même qu'en Europe ou aux États-Unis : on va sur

Facebook prendre la température du pays », juge Mabrouka M'barek, jeune députée du Congrès pour la République – le parti du président Moncef Marzouki – à l'Assemblée constituante, et membre du groupe OpenGov, né, au lendemain de la chute de Ben Ali, sur… Facebook.

De son côté, Khelil Ben Osman, le président de l'ATLN (Association tunisienne des libertés numériques), raconte cette anecdote : « Je prends un taxi à Tunis, le chauffeur voit passer des jeunes qui traversent trop vite, et il me dit : ça, c'est la génération Facebook. Ça devient quasiment un segment de la population : les "jeunes Facebook". Des jeunes porteurs de nouveaux usages, de nouvelles façons de communiquer. »

Et il faut bien en tenir compte, même si l'outil, mélange d'horizontalité dans son utilisation et de verticalité dans son fonctionnement d'entreprise, n'est pas très compatible avec le modèle de la transparence et de l'ouverture, ni avec la défense intransigeante de la vie privée. « Les hackers ont du mal à admettre que Facebook ait joué un rôle dans les révolutions arabes et pas le logiciel libre, avance Frédéric Bardeau, l'un des deux auteurs d'*Anonymous : Peuvent-ils changer le monde ?*[112], et ça sent un peu la préservation du pré carré. »

Ça sent surtout la difficulté, somme toute classique, à articuler la préservation de l'éthique – parfois exprimée, il est vrai, sur un mode un peu raide – et la prise en considération des pratiques du grand public. Se priver de Facebook, c'est se priver de son impact. Pour ces grands communicants que sont les hacktivistes, c'est être pris entre le marteau et l'enclume. « Ça nous questionne, admet Frédéric Couchet, le délégué général de l'April. Parce que c'est un nouveau mode de fonctionnement et parce que ça touche le grand public. »

Du coup, si hackers, hacktivistes et libristes français ou allemands boudent généralement le réseau de Zuckerberg, et lui préfèrent Twitter – certes moins gourmand en données personnelles[113] –, leurs homologues tunisiens et égyptiens s'y font nettement moins rares. Avec les précautions d'usage.

112. *Op. cit.*

113. Twitter n'est pourtant pas sans danger. Ainsi, le réseau social a-t-il fini par livrer à la justice, en septembre 2012, des données concernant un manifestant du mouvement Occupy Wall Street.

Car ils tomberont tous d'accord avec Jérémie Zimmermann, fervent détracteur de Facebook, comme de Google, une autre entreprise qui a pris elle aussi la fâcheuse manie d'accumuler des données sur ses usagers via les très nombreux services qu'elle propose[114] : « Est-ce que des sociétés libres peuvent être bâties autour d'acteurs centralisés, surpuissants, qui en savent plus sur les individus que leurs propres parents, ça, je n'en suis pas certain. En fait, je suis même sûr du contraire. »

Alors faut-il déserter ces espaces, ou au contraire les investir ? Et si oui, de quelle façon ? Comment ne pas laisser les réseaux sociaux décider seuls de l'avenir de nos données ? À tout le moins, le débat est posé. Constanze Kurz, la porte-parole du Chaos Computer Club, avance une comparaison pertinente : « Dans un aéroport, il y a des lois, parce que c'est un lieu public, même si le gestionnaire est privé. Je crois que nous avons besoin de ce type de régulation dans les espaces virtuels. » Un autre chantier pour les années à venir. Et sans doute pas le plus simple...

114. E-mail, partage de vidéos avec YouTube, cartographie avec Google Maps, services de *cloud computing* pour le partage de documents à distance...

La bataille du téléchargement

Il est, en revanche, une question sur laquelle les défenseurs des libertés numériques n'ont eu aucune difficulté à sensibiliser les utilisateurs d'Internet : c'est celle du partage des biens culturels. Dès qu'il y a eu des « tuyaux », y ont très vite circulé des textes, de la musique, bientôt des vidéos. Au grand désespoir des industries de la culture.

Leur guerre contre le téléchargement de fichiers sous copyright fait rage depuis la fin des années 90. Premier tombé sur le champ de bataille, le logiciel Napster, qui popularise l'échange *peer to peer* – autrement dit « de pair à pair », d'ordinateur à ordinateur, sans nécessiter le dépôt du fichier sur un serveur central. Lancé en 1999 par deux étudiants américains, le programme provoque les foudres de la puissante RIAA *(Recording Industry Association of America)*, qui représente les maisons de disques. Attaqué en justice, Napster rend les armes en juillet 2001, avant d'être racheté.

Entre-temps, il a fait des émules. Les années 2000 sont une course-poursuite entre producteurs, sociétés d'auteurs et sociétés d'ayants droit d'un côté[115], internautes et plates-formes de téléchargement de l'autre. Jusqu'à ce mois de janvier 2011, où la fermeture par la justice américaine du site d'hébergement de fichiers MegaUpload, à l'issue d'une opération pilotée par le FBI, provoque une véritable levée de boucliers sur la Toile. À peine un quart d'heure après la fermeture du site, Anonymous lance les hostilités. Les attaques par déni de service touchent aussi bien le site de la RIAA que celui du département américain de la Justice, en passant par les majors du disque, Universal ou Warner.

Ladite « Opération MegaUpload » vaut alors à Anonymous un soudain afflux de nouvelles recrues

115. Dans les grandes lignes. Dans le détail, c'est plus compliqué. Ainsi, en France, la Sacem (Société des auteurs, compositeurs et éditeurs de musique) s'est-elle toujours opposée au téléchargement de fichiers protégés par le droit d'auteur, quand l'Adami (Société civile pour l'administration des droits des artistes et musiciens interprètes) s'est prononcée dès 2001 pour la mise en place d'une « licence globale », autrement dit une taxe sur les abonnements à Internet permettant de financer la création culturelle, en contrepartie de la légalisation des échanges non marchands.

sur ses serveurs IRC. La gestion de ce *newblood*, ou « sang neuf », ne s'est d'ailleurs pas faite sans frictions. « Le point positif, c'est que ça a permis à Anonymous d'être sur le devant de la scène médiatique, notait début 2012 un habitué du serveur AnonOps. Le point négatif, c'est qu'on a vu arriver énormément de personnes, souvent très jeunes, qui ne savent pas en quoi consiste Anonymous, et qui s'en revendiquent. » C'est – on y reviendra – toute la limite, mais aussi toute la force, du concept…

Le succès de l'Opération MegaUpload ne laisse d'ailleurs pas d'étonner nombre de hackers historiques ou plus politiquement aguerris. Car si la fermeture du site est bien vécue comme un coup de force – il était, à l'époque, juridiquement basé à Hong-Kong –, pas question pour autant de prendre des vessies pour des lanternes, ni le fondateur de MegaUpload, Kim DotCom, pour un bon apôtre du partage culturel non marchand. Ses avoirs et ses comptes bancaires, gelés en 2012 par la justice néo-zélandaise, sont estimés à cinquante millions de dollars…

Parallèlement à la répression judiciaire, les industries culturelles ont également développé les DRM, censés empêcher la copie des supports physiques

(CD ou DVD) ou le transfert de fichiers d'une machine à une autre. Dernière étape, et non des moindres : viser directement l'internaute, celui qui met à disposition et/ou télécharge[116] des fichiers protégés par le droit d'auteur ou le copyright. Il est vrai que le principal argument des sites et des logiciels de téléchargement, c'est qu'ils ne sont jamais que des intermédiaires techniques, et qu'il ne leur appartient pas de juger de la nature légale ou illégale des échanges.

En la matière, la France est une contrée pionnière. Avec l'adoption en 2009 de la loi Hadopi, elle a mis en place la « riposte graduée » : l'internaute contrevenant est d'abord averti par e-mail, puis mis en demeure, par lettre, de bien vouloir cesser ses activités. La sanction ultime envisagée étant la coupure de l'accès à Internet.

Autant de mesures qui font bondir les défenseurs des libertés numériques. D'abord, parce qu'elles

116. Dans la logique du transfert de pair à pair, et plus encore avec le développement du protocole BitTorrent, qui permet le téléchargement de très gros fichiers depuis une multitude de sources, télécharger un fichier sur son disque dur revient généralement à le mettre à la disposition des autres internautes.

supposent l'utilisation d'outils de surveillance. « Le problème de la lutte contre le téléchargement illégal, avance Matthias Kirschner, le coordinateur berlinois de la Free Software Foundation Europe, c'est que la mise en place des systèmes qui empêchent ça est beaucoup trop intrusive. Ça signifie qu'il faut contrôler ce que font les gens. »

Avec en prime de réelles possibilités d'erreur : le possesseur de l'adresse IP – qui identifie la machine sur le réseau – n'est pas forcément celui qui télécharge. En France, le premier « condamné Hadopi » l'a été… à cause de sa femme[117]. Et en Allemagne, Markus Beckedahl, le président de Digitale Gesellschaft[118] – l'homologue allemand de La Quadrature du Net –, évalue à 10 % des condamnations pour infraction au copyright la proportion d'internautes ayant simplement laissé ouvert leur réseau WiFi.

Mais une autre question est pour eux tout aussi fondamentale : c'est celle de la circulation des biens

117. Voir Marc Rees, « Hadopi : interview du premier abonné condamné », 13 septembre 2012, sur le site PC Inpact [www.pcinpact.com/news/73816-hadopi-interview-premier-abonne-condamne.htm].

118. [digitalegesellschaft.de].

culturels. Et d'invoquer tout ce qui existait avant la dématérialisation, tout ce qui se pratique avec des supports non numériques : copier ses disques sur cassette audio pour en faire profiter ses amis, prêter ou revendre ses livres… Le CD lui-même fait bien, en France, l'objet d'une exception pour copie privée à la législation sur le droit d'auteur ; c'est d'ailleurs ce qui a justifié la mise en place d'une taxe sur le CD vierge.

Le partage de fichiers fait donc phosphorer depuis des années les militants du Net, qui réclament, outre l'abandon des verrous numériques et des dispositifs anticopie, l'ouverture d'une vraie réflexion sur le droit d'auteur et le copyright[119]. « Je suis un créateur, tu es un créateur, nous sommes tous des créateurs aujourd'hui. Et ça, le copyright ne le prend pas en compte », juge Markus Beckedahl. Comme les autres

119. Le droit d'auteur français et le copyright anglo-saxon ne s'appuient pas sur les mêmes principes et n'ont pas toujours les mêmes conséquences. Voir Françoise Benhamou, « Du copyright anglo-saxon et du droit d'auteur à la française », sur son blog « En pleine culture » hébergé par Rue89.com [blogs.rue89.com/en-pleine-culture/2009/12/26/du-copyright-anglo-saxon-et-du-droit-dauteur-a-la-francaise-130388].

associations de défense des libertés numériques, Digitale Gesellschaft prône la légalisation des échanges non marchands et la rémunération des auteurs et des ayants droit par la mise en place d'une « licence globale » ou d'une « contribution créative », qui pourrait être incluse dans l'abonnement à Internet[120].

Jusqu'ici, la remise à plat de ces questions s'est toujours heurtée à l'opposition des principaux représentants des industries culturelles. Il est vrai qu'en France, sous le Front populaire déjà, le ministre de la Culture Jean Zay n'avait pas réussi à mener à bien sa réforme de la propriété littéraire, entravée par la fronde des éditeurs et des juristes avant d'être enterrée par la seconde guerre mondiale[121]. À l'heure de la « culture liquide », comme la définit le Pirate berlinois Jörg Blumtritt, celle du remix et de la re-création, ils sont pourtant

120. Voir Camille Gévaudan, « La licence globale pour les nuls (et tous les autres) », Écrans.fr, 21 juin 2011 [www.ecrans.fr/La-licence-globale-pour-les-nuls,13002.html].

121. Voir Nidam Abdi, « Droit d'auteur : Jean Zay, le visionnaire », Écrans.fr, 23 juillet 2009 [www.ecrans.fr/Droit-d-auteur-Jean-Zay-le,7798.html].

de plus en plus nombreux à penser que le débat est urgent.

Pirates à l'horizon !

D'autant que, comme toujours, les hackers ont sur la politique une bonne longueur d'avance. Et que leurs travaux pratiques peuvent prendre une ampleur à laquelle ils ne s'attendaient pas.

Ainsi The Pirate Bay, le site de téléchargement perquisitionné en 2006 sur ordre de la justice suédoise, n'était-il à l'origine qu'une expérimentation, lancée par une poignée de hackers et d'activistes réunis dès 2003 en un *think tank* informel : le Piratbyrån. Marcin de Kaminsky, 32 ans, doctorant en sociologie du droit à l'université de Lund en Suède, en est l'un des initiateurs : « L'objectif était de discuter la manière dont le copyright pouvait affecter le partage culturel. »

Le nom même du Piratbyrån, ou « bureau pirate », est une réponse ironique à l'Antipiratbyrån, un « bureau antipiratage » formé en 2001 par des représentants des industries suédoises du cinéma et du jeu vidéo. « On a soulevé l'idée que le piratage, très commun en ligne, était peut-être complètement naturel, raconte Marcin de Kaminsky. Ce qui, à l'époque, était un peu provocateur. » Et l'est encore aujourd'hui.

Le premier *tracker* – le serveur qui met en relation possesseurs et téléchargeurs d'un même fichier – de The Pirate Bay est mis en ligne à l'automne 2003, « depuis une connexion ADSL pourrie à Mexico ». Ce qui n'était qu'une tentative entre amis va rapidement gagner en popularité. En 2004, le site s'autonomise, avec sa propre équipe. En 2006, il revendique un million de visiteurs par jour. De quoi en effet défriser les défenseurs du copyright.

Dans l'univers des militants des libertés numériques, une expérimentation n'est jamais aussi réussie que quand elle échappe à ses initiateurs. Voilà pourquoi David Darts est un homme heureux, lui dont la PirateBox fait des petits partout dans le monde.

David Darts est artiste et enseigne à l'université de New York : « J'aime proposer à mes étudiants de remixer des contenus culturels. Par exemple, je leur demande de produire quelque chose de nouveau à partir d'un spot de pub de trente secondes. Le problème, c'est la mise à disposition du matériau de base. Si chacun vient avec sa clé USB, c'est lourd à gérer. Et le réseau de l'université empêche, précisément, le partage de fichiers ! Donc j'ai cherché comment partager localement des contenus. Et comme il n'existait pas de solution commerciale, j'en ai construit une moi-même[122]. »

Voilà comment est née la PirateBox : concrètement, il s'agit d'un petit routeur WiFi qui crée autour de lui un réseau non raccordé à Internet et qui contient un serveur. Chacun peut s'y connecter librement et anonymement, y déposer et y télécharger des fichiers numériques, mais également discuter avec les autres utilisateurs de ce mini-réseau via un système de *chat* embarqué.

D'outil pédagogique, la PirateBox est devenue un outil de sensibilisation. David Darts a placé son appareil dans une *lunchbox* noire, décorée d'un crâne de pirate : du plus bel effet dans les cafés, où il passe beaucoup de temps. Il a déjà vu quelqu'un le prendre en photo à côté de sa boîte, avant de déposer le cliché sur le serveur de la PirateBox : « assez déconcertant », avoue-t-il. Pour sa part,

122. Tous les propos de David Darts ont été recueillis par Thomas Rozec pour « New York 2.0 », reportage diffusé le 25 août 2012 sur Le Mouv' dans le cadre de la série documentaire « Villes rebelles ».

il ne met en dépôt que des fichiers légaux – sous copyleft ou tombés dans le domaine public – pour « encourager les gens à partager librement ».

Pour Darts, la PirateBox n'est jamais qu'un Internet en miniature, l'Internet des origines, « un réseau de pairs égaux ». Lui aussi, l'émergence des grands acteurs centralisés l'inquiète. Comme l'inquiètent la surveillance et la censure. La PirateBox, dit-il, « permet d'échapper un peu à ça ». Elle est moins une solution, cependant, qu'une « provocation artistique [...], une manière de stimuler la discussion et la réflexion ».

En bon partageur, David Darts a déposé son invention sous licence libre et en a mis les plans à disposition sur son site web[123]. Sa petite boîte, c'est donc un réseau supplémentaire ; et les réseaux, les hackers adorent ça. Résultat : des PirateBox ont vu le jour à Berlin, Amsterdam, Vancouver... et en France, où – effet collatéral d'Hadopi, pense l'artiste – le projet est très actif[124]. Ici et là, on travaille à des développements pour les transports en commun ou à la constitution de bibliothèques

123. [daviddarts.com].
124. Voir le site [mypiratebox.com], avec une carte des PirateBox françaises.

numériques pour des villages africains. D'autant que le matériel nécessaire, le routeur, est peu coûteux : une trentaine d'euros.

Et les routeurs, ça voyage aussi. Des hackers parisiens en ont amené à Tunis. Le plus jeune membre du hackerspace, 17 ans au compteur, s'est rué dessus comme sur un nouveau jouet. Pour comprendre, d'abord. Puis bidouiller. Et enfin, détourner : ça finirait bien par servir à quelque chose…

Au paradis de la bidouille

Mais au fait qu'est-ce que c'est, au juste, qu'un hackerspace ? Rien d'autre, nous dit Mareike Peter, la coordinatrice des députés pirates de Berlin, que l'application dans la vie physique des règles d'Internet : « On donne un peu d'argent et en échange, on peut utiliser le matériel, explique-t-elle. On y vient avec ses idées et ses projets. C'est ce qu'on appelle la "neutralité de la plate-forme", la neutralité du Net appliquée aux infrastructures : accès égal, participation égale, et pas de barrière à l'entrée. »

Dans un hackerspace, on entre donc comme dans un moulin… ou presque. À C-base, le principal hackerspace de Berlin, c'est un peu différent, surtout quand on est journaliste, qu'on arrive un peu de nulle part et qu'on a envoyé à deux structures différentes des e-mails sensiblement identiques, qui ont atterri sous les yeux de la même personne. Ce soir d'août 2012, Ijon – l'initiateur du projet de « communauté navigante » Hackerfleet[125] – est méfiant, et me le fait sentir sans prendre de gants. En clair, il n'est pas loin de penser qu'il a affaire à un agent du renseignement... Il me faut alors arguer de ma bonne foi, avant de paraître le lendemain devant le « cercle », l'organe de gestion quotidienne du hackerspace, pour expliquer ce que je suis venue faire en ces lieux.

Difficile, même si l'expérience est un peu déplaisante, de leur en vouloir. La scène hacker berlinoise a pu avoir, par le passé, des relations parfois compliquées avec les autorités. Et les habitants de C-base ont été plus d'une fois échaudés par l'image qu'ont pu renvoyer d'eux les médias dominants. Mais une chose est sûre : sitôt la confiance établie et le vote majoritaire du cercle obtenu, mieux vaut ne pas compter ses heures. Un hacker n'aime rien tant que partager ce qu'il fait. Au petit matin, on y est encore, à discuter sur la terrasse, au bord de la

125. Voir chapitre 2, « Circulez, y a tout à voir (ou presque) ».

Spree, en sirotant du Club-Mate ou de la limonade bio à base d'aiguilles de pin qui, assure Ijon, « a l'odeur des forêts scandinaves ».

Et puis C-base vaut le détour. Le lieu a sa légende : celle d'une station spatiale tombée sur Terre bien avant la naissance de Berlin, dont il serait la seule partie ayant résisté au crash – avec son antenne, devenue depuis la tour de télévision d'Alexanderplatz. La décoration est impressionnante, depuis les combinaisons spatiales *do-it-yourself* jusqu'au « Symbiant », l'alien collé au plafond des toilettes hommes, en passant par un prototype de cabine de téléportation qui héberge un être bizarre, visuellement proche de la pieuvre. « Il est arrivé à cause d'une erreur pendant la phase de test, explique sans rire Ijon, et il s'est retrouvé congelé. Normalement, il vit dans une atmosphère à 300 °C composée d'acide sulfurique. Personne ne sait s'il est mort ou vivant, mais ce qui est certain, c'est qu'on ne peut rien faire pour lui pour le moment. »

À C-base, les portes gémissent comme dans *Le Guide du voyageur galactique*. L'arrivée d'un étranger dans la *nerd area*, l'« espace des nerds », est saluée au cri synthétique d'« Alien Alarm ! » Et le lieu héberge chaque année un concours de cuisine de l'espace, où les réalisations sont jugées autant sur leur goût et leur présentation que sur leur capacité à être mangées en apesanteur. On a entendu dire que le porte-parole de La Quadrature du Net, Jérémie Zimmermann, l'avait déjà remporté…

Au-delà de ses airs de décor de cinéma – « quelque part entre la station Mir et un film cyberpunk à petit budget », sourit Ijon –, C-base est un paradis de la bidouille. On y trouve une quantité astronomique de circuits imprimés, de câbles en tout genre, de vieux ordinateurs, un scanner à livres, une découpeuse plastique, des imprimantes 3D… Autant de matériel mis à la disposition des adhérents. Mais plus encore que le matériel, c'est la collaboration des compétences qui fait l'intérêt d'un hackerspace. « Quelqu'un dit : j'aimerais bien faire ça. Un autre dit : OK, je m'occupe de la programmation. Un troisième dit : OK, je construis le matériel. Il y a toujours quelqu'un qui a les connaissances dont tu as besoin », résume E-punc.

En témoigne un objet qui trône non loin du bar : la MTC, pour *Multi Touch Console.* Un énorme pavé gris recouvert d'un écran de verre, abritant un projecteur et une caméra infrarouge. « Ça surpasse de loin l'iPad, dit fièrement Jeedi, l'un des membres du cercle. L'iPad peut gérer quelques doigts, la MTC plusieurs mains, jusqu'à un centimètre au-dessus de la surface. » De quoi se prendre pour Tom Cruise face à ses écrans tactiles dans *Minority Report.* La MTC date de 2006, avant la révolution du smartphone. D'après Jeedi, avec 3 000 euros et de la patience, on peut faire ça chez soi[126]. Avis aux amateurs.

Que mille hackerspaces s'épanouissent

C-base est l'un des plus fameux hackerspaces au monde, avec le Metalab de Vienne et Noisebridge à San Francisco. Mais des hackerspaces, il y en a partout[127], de Buenos Aires à Kampala, de New Delhi à Tokyo, de Lisbonne à Saint-Pétersbourg. Et aucun ne ressemble à l'autre. Ni dans le décor, ni dans les objectifs.

En Tunisie, l'un des buts de HackerScop, c'est de s'attaquer à la « fracture numérique », celle qui sépare Tunis du reste du pays. Et pour cela d'aider à la création de hackerspaces dans les régions.

126. Les plans en sont librement accessibles à partir du site de la MTC : [www.macrone.de/multitouch/].

127. Voir la carte disponible sur le site [hackerspaces.org].

C'est ce qui a motivé Azza Chaouch, jeune juriste investie dans le mouvement de promotion de la gouvernance ouverte, à rejoindre le petit groupe : « Si les générations futures deviennent des hackers, c'est la garantie de la liberté d'expression ! », s'enthousiasme-t-elle.

Le premier projet hors Tunis de l'association s'est, très symboliquement, lancé à Sidi Bouzid, la ville où le jeune marchand de fruits Mohamed Bouazizi s'était immolé par le feu le 16 décembre 2010, déclenchant la révolution du Jasmin. Au sein de HackerScop, on a beaucoup d'idées, beaucoup d'envies. Mais pas toujours assez de bras : « C'est surtout l'esprit de volontariat qui manque, se désole Aymen Amri. Passer d'une dictature à une transition démocratique, ça n'est pas simple. Il faut travailler sur la motivation. »

L'autre grand pays des révolutions arabes, l'Égypte, voit aussi fleurir ses premiers lieux de bidouille. Le pionnier en la matière est un garçon étonnant : Tarek Ahmed Omar, 23 ans, est à la fois informaticien, fondateur de la première équipe égyptienne de *parkour*, cette spectaculaire pratique du déplacement en milieu urbain popularisée par les Yamakasi, et cascadeur pour le cinéma. C'est en découvrant par hasard une vidéo tournée dans un hackerspace qu'il a un « flash » : « C'était ce dont mes amis et moi rêvions depuis des années. »

L'histoire du Cairo Hacker Space, telle que Tarek la raconte avec beaucoup d'humour, tient du *social engineering*, cet art de la manipulation pratiqué ici avec les meilleures intentions du monde. En 2009, Tarek poste sur le site Hackerspaces.org des informations sur un lieu… qui n'existe pas encore. Il utilise alors au profit du projet la mauvaise image des hackers : « Des gens me contactaient parce qu'ils voulaient apprendre les techniques des *black hats* : le piratage de boîtes e-mail, de comptes Facebook… Des ados, sourit-il. Et quand je leur apprenais la triste vérité sur la véritable nature du hack, ils étaient encore plus intéressés. »

Né discrètement deux ans avant la révolution égyptienne, le Cairo Hacker Space peut aujourd'hui voir les choses en grand. Il s'est établi il y a peu dans le quartier de Maadi, un faubourg du sud de la ville. Tarek et ses amis vont pouvoir y donner libre cours à leur passion pour le logiciel libre, l'électronique et la robotique. Ainsi notre as du *parkour* travaille-t-il sur un robot à broder *open source*, qui pourrait s'adapter à n'importe quelle machine à coudre.

En France, à Saint-Brieuc, le Flood[128] se contente encore de quelques mètres carrés et de quelques ordinateurs au premier étage du bar le Soup'Son. « Ça s'est monté un peu à l'arrache, raconte Ludo. Plusieurs personnes ont eu l'idée d'impulser une dynamique autour du numérique, et surtout du partage. » Si on s'y concentre sur des ateliers à destination du grand public – comment utiliser Twitter, comment protéger sa réputation en ligne… –, on y met aussi les mains dans le cambouis, autour de la PirateBox ou de la TV-B-Gone, une télécommande à éteindre les téléviseurs environnants inventée par Mitch Altman, l'un des fondateurs de Noisebridge.

Et ça prend, petit à petit : « De plus en plus de gens viennent, en parlent à leurs amis, constate Élodie. Il y a une petite communauté qui se crée. »

À moins d'une heure de TGV de là, les Rennais de Breizh Entropy[129] ont établi leurs quartiers dans

128. Pour « Fabrique et laboratoire obstinément ouvert à la découverte » : [leflood.org].
129. [breizh-entropy.org].

un imposant squat artistique, l'Élaboratoire, et s'activent, sous le regard d'une statue de Gandalf[130], à la customisation de vidéoprojecteurs, à la transformation de boîtes de Pringles en antennes WiFi, ou encore au développement d'un astucieux système de transfert de données par rayon laser. On y a aussi passé pas mal de temps à construire un petit quadricopter radiocommandé, un drone, comme ont pu en utiliser les militants du mouvement Occupy Wall Street pendant les manifestations pour surveiller la police new-yorkaise.

« Personnellement, quand je viens ici, je ne suis pas très productif, admet DoNcK en riant. Mais il y a des gens qui arrivent à l'être. Et surtout, ce qui est super sympa, c'est que c'est un espace de discussion. Quand quelqu'un commence un truc, on se motive pour lui filer un coup de main. »

C'est aussi dans un squat artistique – la Gare XP, non loin de la porte d'Orléans – que les Parisiens du Loop[131], le « Laboratoire ouvert ou pas », ont trouvé refuge. Et si on a pu y croiser autour d'une

130. Le mage Gandalf est le sage conseiller de Frodon le Hobbit dans le roman (et son adaptation cinématographique) *Le Seigneur des anneaux.*
131. [leloop.org].

bière des « agents Telecomix » actifs dans le soutien aux dissidents syriens, le Loop affiche un tropisme pour les projets esthético-ludiques, les « machins qui clignotent », et organise par exemple des ateliers de soudure pour donner une nouvelle vie à de vieux jouets. Pour Tom Pouce, l'un des animateurs du lieu, pas question de répliquer ce qui se fait ailleurs : « Si on a besoin d'une imprimante 3D, on ira voir le TMP/Lab », un autre hackerspace parisien dont c'est l'une des spécialités[132].

Fais-le toi-même

Les hackerspaces sont en cela à différencier des FabLabs, ou « laboratoires de fabrication », qui se sont, eux aussi, beaucoup développés ces derniers temps. Là où un hackerspace vise en premier lieu la « bidouille » par le travail collaboratif et le partage des connaissances, un FabLab a une approche plus concrète, plus « appliquée », qui vise à mettre les technologies à la disposition d'usagers non spécialistes. Et quand les premiers ont un fonctionnement auto-organisé, très libertaire au fond, les seconds sont régis par une charte.

132. [www.tmplab.org]

Élaborée – décidément ! – au Massachusetts Institute of Technology de Boston[133].

Une distinction qui peut rejoindre, dans l'esprit, celle qui sépare le logiciel libre cher à Richard Stallman de l'*open source* théorisé par Eric S. Raymond. Avec parfois quelques frictions. Tarek Ahmed Omar, le cascadeur-hacker du Caire, en a d'ailleurs fait les frais. Début 2012, son hackerspace s'installe dans des locaux proposés par un industriel qui, dit-il, « voulait au départ monter un FabLab, pour faire quelque chose de bien pour l'Égypte après la révolution ». En avril, l'industriel se rend aux États-Unis, rencontre le fondateur du réseau FabLab, Neil Gershenfeld, et revient convaincu que « les hackerspaces et la communauté du *do-it-yourself* fabriquent des choses sans intérêt ». Exit le Cairo Hacker Space, qui doit alors chercher une nouvelle maison.

Scénario voisin en Tunisie, où le petit groupe de militants du logiciel libre à l'origine de HackerScop avait d'abord élu domicile chez *Nawaat*, le site web de journalisme citoyen. Avant d'en partir, pour des raisons pas toujours explicites mais qui tiennent

133. Voir le site du réseau FabLab : [fab.cba.mit.edu].

sans doute pour partie à cette divergence de vues. C'est du moins ce qu'en dit Malek Khadraoui, le rédacteur en chef du site : « La communauté du libre fonctionne un peu en bulle, reproche-t-il. Notre approche est différente. On voudrait développer des outils vraiment destinés au grand public. »

Dans les faits cependant, tout comme les concepts de logiciel libre et d'*open source* recouvrent généralement les mêmes programmes, on trouve souvent dans les hackerspaces et les FabLabs le même genre de « matériel ouvert », dit *open hardware.* Autrement dit, des outils que chacun peut librement copier, diffuser et modifier. Sur la longue liste des projets lancés ces dernières années, on trouve aussi bien des voitures et des téléphones mobiles que de la bière, des panneaux solaires ou des circuits imprimés. Et même une machine à laver.

Mais la « star » du moment, c'est l'imprimante 3D, capable de créer des objets pleins ou creux – un verre, un vase, un petit buste de Beethoven… – par couches successives à partir d'un matériau de base. Un fil de plastique le plus souvent, mais pas seulement. À Stuttgart, Shackspace dispose aussi d'engins fonctionnant à la céramique, au sucre ou au chocolat. Et le designer allemand Markus Kayser a testé, au beau milieu du désert égyptien, une imprimante 3D alimentée à l'énergie solaire, qui transforme le sable en verre[134].

Comme tout projet ouvert, les imprimantes 3D génèrent leurs lots de déclinaisons : des *forks*, ou « embranchements », comme disent les informaticiens. C'est tout particulièrement le cas pour la RepRap[135], l'imprimante 3D « autoréplicante », faite de tiges métalliques et de pièces en plastique, qu'elle peut donc produire elle-même. À Berlin, quand elle ne hacke pas des machines à tricoter, Fabienne Serrière travaille sur une version de la RepRap allégée en plastique, la Prusa Mendel. De son côté, lassé de devoir démonter et remonter sa RepRap à chaque déplacement dans un festival de *do-it-yourself*, le jeune designer nancéien Emmanuel Gilloz en a conçu une version pliable, qui tient dans une mallette : la FoldaRap[136].

134. Voir en ligne la vidéo de son Solar Sinter Project : [vimeo.com/25401444].
135. [www.reprap.org].
136. Il en a déposé les plans sur le site de la RepRap : [reprap.org/wiki/FoldaRap].

Arrivé à ce stade, il y a de quoi se frotter les yeux devant cet univers de bricoleurs qui se rapprochent chaque jour un peu plus de l'autonomie technologique[137]. On a vu, ici et là, des machines comme seule l'industrie en disposait il y a encore quelques années. Par construction *from scratch*[138], ou par récupération : à Stuttgart, Shackspace a ainsi hérité d'une imposante machine à fabriquer des circuits imprimés, qui date du début des années 2000. Ce qui émerge dans les FabLabs et les hackerspaces ressemble fort à un mouvement décentralisé de réappropriation collective des moyens de production. Un rêve de Marx revu et corrigé à la sauce Internet, ancré dans la pratique relocalisée plutôt que dans la théorie globale. Chris Anderson, l'ancien rédacteur en chef du magazine américain *Wired*, n'y voit d'ailleurs rien de moins qu'une nouvelle révolution industrielle[139].

Et le mouvement commence à apparaître dans les campagnes, avec l'émergence de lieux où la culture

137. Même si les composants viennent souvent de Chine…

138. Littéralement : « de zéro ».

139. Voir Chris ANDERSON, *Makers: The New Industrial Revolution*, Signal, 2012. Traduction française chez Pearson, collection « Les temps changent ».

maraîchère et la vie de village se combinent avec l'Internet par satellite, et où l'on projette d'aider les paysans du cru à construire des machines plus adaptées à leurs besoins[140].

Mais il y a sans doute encore loin de la coupe aux lèvres. De son imprimante 3D, Emmanuel Gilloz dit qu'elle sert à faire « beaucoup de choses inutiles et quelques trucs pratiques » – remplacer une pièce cassée de lave-vaisselle ou de robot mixeur, ou un anneau de rideau de douche, par exemple. Plus optimiste, Fabienne Serrière admet qu'« on n'en est pas encore à dépasser l'industrie, mais on peut finir par y arriver ». Les chemins pour le faire sont parfois inattendus, à l'image de ce délicieux projet de sex-toys *do-it-yourself* lancé en 2010, et qui se promène depuis lors dans les festivals de « bidouille »[141].

À tout le moins, la philosophie du libre est une claire remise en cause de la surconsommation. « On fabrique ce dont on a vraiment besoin,

140. Lire Sabine Blanc, « Rebooter les villages », 16 juillet 2012, Owni.fr [owni.fr/2012/07/16/rebooter-les-villages].
141. Voir la page web consacrée au projet : [usinette.org/projets/sex-toys-diy].

avance Fabienne Serrière. Le tricot, par exemple, ça peut se détricoter et se réutiliser. Et pour l'imprimante 3D aussi, il y a des gens qui travaillent à des moyens de récupérer le plastique pour le refondre et s'en resservir. »

Même son de cloche du côté de Julien Rabier, le président du FAI associatif Ilico : « Avec Linux, l'obsolescence programmée en prend un coup. Parce que le système consomme peu de ressources, et qu'il n'y a pas besoin d'un ordinateur dernier cri pour le faire tourner. » Tout ça se combinant avec le *do-it-yourself*. Julien Rabier cite à titre d'exemple le projet « La source », lancé au Mali : une borne informatique sur laquelle on peut brancher une clé USB pour récupérer des logiciels libres, l'encyclopédie Wikipédia, des ressources éducatives, de la musique… « Eh bien cette borne, elle est faite avec du matériel de récupération. La technologie est là, le matériel est là, le logiciel est là : pourquoi ça n'existerait pas ? Ça répond à des besoins qui ne sont pas pris en compte par les grosses entreprises, parce que ce ne sont pas des besoins commerciaux de masse. »

À l'école des hackers

Des îlots, donc, de résistance au gaspillage technologique, et peut-être même les incubateurs de l'industrie de demain : les hackerspaces, et leurs cousins mieux peignés les FabLabs, ne sont pas que des cours de récré pour obsédés du code et du tournevis. Ils sont aussi, à leur manière, des écoles. Comme le rappelle E-punc, l'un des habitants de C-base : « Le but d'un hackerspace, c'est d'apprendre et d'enseigner. »

Cette dimension d'éducation populaire, inhérente à l'éthique de l'échange des savoirs, est d'ailleurs clairement assumée. « Ça fait partie des buts premiers du Chaos Computer Club de transmettre la connaissance, d'apprendre aux gens à utiliser les technologies, rappelle Constanze Kurz, l'une de ses trois porte-parole. C'est pour ça que nous organisons autant d'événements, comme le Chaos Communication Congress ou le Chaos Communication Camp[142], et que nos conférences sont diffusées sur Internet. Si on ne veut pas partager ce qu'on sait, on n'est pas vraiment membre de la communauté hacker. »

L'éducation populaire, c'est le *motto* du Flood, le hackerspace de Saint-Brieuc. « Le mouvement

142. Le Chaos Communication Congress a lieu tous les ans au mois de décembre, le Chaos Communication Camp tous les quatre ans en été.

hacker a pour mission d'éduquer les plus jeunes, pour qu'ils vivent autrement, estime Ludo. Le hack, c'est comprendre comment ça marche, pourquoi ça marche, comment je peux faire pour que ça refonctionne. Et ça, on peut l'apprendre à tout le monde, pour éviter à la génération suivante de commettre les mêmes erreurs. »

« Apprendre à tout le monde » est aussi la mission de Shack E.V., l'association à but non lucratif qui est le pendant administratif de Shackspace. « Ça fait partie de nos obligations légales. Ça tombe bien, on aime le faire », sourit Hadez. La spacieuse salle de réunions est ainsi mise à profit pour organiser des conférences sur la programmation informatique, la cryptographie, voire la cuisine moléculaire. Une fois par an, Shackspace organise des journées portes ouvertes, auxquelles se rend un public varié, « de 5 à 80 ans », qu'on va parfois chercher jusque dans les rues environnantes. « Au pire, note Hadez dans un éclat de rire, ils pensent qu'on est un peu cinglés, mais qu'on ne fait de mal à personne. »

Le hack, une école buissonnière. À un détail près, et pas des moindres : il faut y mettre du sien.

À C-base, Ijon avertit : « Nous ne sommes pas des professeurs. Je suis prêt à aider n'importe qui, à condition qu'il soit capable de se débrouiller par lui-même. »

Là encore, la consommation passive n'est décidément pas de mise. « Savoir, c'est pouvoir », disait le philosophe anglais Francis Bacon. Et dans la tête d'un hacker, le pouvoir, tout comme les réseaux, les programmes, le matériel et les connaissances, ne vaut que s'il est distribué.

Chapitre 4

Démocratie 2.0

« Nous pensons que c'est à travers l'éthique et l'intérêt bien compris de chacun, et de la communauté dans son ensemble, que va surgir notre mode de gouvernement. [...] Nous espérons que nous serons capables de construire notre propre solution sur cette base[143]. »

143. John Perry Barlow, « Déclaration d'indépendance du cyberespace », 1996. Voir introduction, « Le changement, c'est maintenant ».

Rendez-vous est pris, au cœur de l'été, avec Oliver Höfinghoff, député du Parti pirate au Parlement de Berlin, et Mareike Peter, la coordinatrice du groupe parlementaire. Le bâtiment de l'*Abgeordnetenhaus*, avec son style Renaissance massif, est imposant. À l'intérieur, ce n'est pas mal non plus. Je passe un certain temps à dénicher le bon ascenseur et à arpenter les vastes couloirs, où les tapis absorbent le bruit de mes pas.

Enfin nous y sommes. Ils sont là tous les deux, pas perturbés le moins du monde par un bon quart d'heure de retard. Lui, 35 ans, crête verte et large T-shirt, lunettes à monture épaisse ; elle, 24 ans, toute menue sous ses cheveux roses. Sur la grande table, des dossiers, des ordinateurs et trois canettes fraîches de Club-Mate. Les fenêtres sont grandes ouvertes et les cendriers déjà bien remplis.

Bienvenue dans la « Netpolitique », où on a manifestement bien autre chose à faire que repasser ses costumes.

Hacker la politique

La politique, un système « hackable » comme un autre ? On l'a vu, la démarche du hack peut aller loin, du logiciel au matériel, de l'ordinateur portable à la voiture, des villes aux campagnes. « C'est une question d'attitude, insiste Okhin, l'un des agents Telecomix français. Si tu commences à ouvrir ton ordinateur pour comprendre comment il marche, l'améliorer, le documenter, tu peux ensuite te questionner sur ta distribution d'eau ou d'électricité, sur le fonctionnement du Parlement... Tout est système, il suffit juste de prendre le bon tournevis. » Dit autrement par Bluetouff, l'un des animateurs du site Reflets : « La loi, c'est du code. Et le code, s'il est pourri, on le réécrit. »

Au-delà de la bidouille, l'intérêt des hackers pour la politique est une nécessité. Parce que des lois de plus en plus nombreuses sont directement venues toucher leurs outils. Et que ces lois, pour eux, vont rarement dans le bon sens. « Or comment retirer une loi injuste ? Uniquement par la politique », juge Richard Stallman, le théoricien du logiciel libre.

La bascule s'est véritablement opérée à la fin des années 90. Jusque-là vivait encore le rêve d'un cyberespace autonome, régi par d'autres règles que celles du « monde physique », des règles découlant de l'éthique hacker, et dont témoigne la fameuse « Déclaration d'indépendance » de John Perry Barlow. Mais l'ancien monde ne s'est pas arrêté sur le palier du petit nouveau. « L'autonomie, l'autogestion, ça marche un temps, mais on est vite rattrapé par le politique, estime Félix Tréguer, étudiant à l'EHESS et membre de La Quadrature du Net. Et ça, c'est légitime, c'est même parfois utile, et ça veut dire qu'il faut s'y confronter. »

La confrontation, en réalité, était là dès les origines. Six ans avant d'écrire sa très lyrique déclaration, John Perry Barlow a participé en 1990 à la création de la première structure de défense des libertés numériques, l'EFF *(Electronic Frontier Foundation*[144]*)*. Paradoxe originel : « Dans l'idéologie des hackers, explique Nicolas Danet, le coauteur d'*Anonymous*[145], il y a à la fois cette

144. [www.eff.org].
145. *Op. cit.*

idée d'un monde autonome, coupé du reste, qui s'organise différemment, mais aussi l'idée qu'Internet, cet outil révolutionnaire, est un levier qui peut permettre de changer le monde. » Ainsi, dans l'ordre de mission que se fixe l'EFF figurent non seulement la promotion des droits civiques à l'ère numérique mais également la sensibilisation du législateur aux enjeux de télécommunications libres et ouvertes. À l'époque, Internet est encore embryonnaire, et le *World Wide Web* n'existe même pas…

Deux décennies plus tard, l'EFF a fait des petits, qui défendent toujours ces principes. En France, la gestation de La Quadrature du Net commence dans la foulée de l'élection de Nicolas Sarkozy. Ses fondateurs sont déjà rodés à l'exercice militant : au sein de l'April notamment, ils ont bataillé en 2006 contre la loi relative au droit d'auteur et aux droits voisins dans la société de l'information, dite loi DAVDSI, qui vise déjà, quelques années avant la loi Hadopi, à sanctionner les logiciels permettant le téléchargement de fichiers et le contournement des DRM. Et les mots d'ordre du nouveau président de la République – « Internet civilisé », « régulation », « riposte graduée » – les inquiètent.

« Ce sont des enjeux qui concernent la société tout entière, avance aujourd'hui Jérémie Zimmermann, son porte-parole. Des enjeux qui concernent l'infrastructure de ce que pourraient être des sociétés plus libres, plus ouvertes. Pour nous, il s'agit de peser dans ce choix de société en mettant en avant les valeurs qui sont celles de l'éthique hacker, du partage de la connaissance, de l'ouverture, plutôt que celles du contrôle et de la répression. »

Comment « peser », alors ? Jérémie Zimmermann n'apprécie pas tellement le terme « lobbying », plus négativement connoté en France qu'il ne l'est aux États-Unis. Techniquement, c'est pourtant de ça qu'il s'est agi, pendant les quatre années qui ont précédé l'abandon définitif, l'été dernier, du projet de traité européen anticontrefaçon ACTA. Quatre années à arpenter les débats publics, à suivre l'activité de la Commission de Bruxelles et à interpeller les parlementaires de Strasbourg, quatre années connectées au reste du monde. « Un travail de longue haleine », souffle-t-il aujourd'hui.

La « stratégie du vampire » – qu'il s'agissait d'exposer au soleil, tant les premières discussions autour du traité avaient été opaques – a finalement porté ses fruits. Avec, il est vrai, un sérieux coup de main signé Anonymous : tous ces masques de Guy Fawkes dans les manifestations anti-ACTA, début 2012, avaient de quoi attirer l'attention des médias… L'abandon définitif du traité doit certainement beaucoup à cette combinaison du hack politique et du « hack de l'information ».

Le mode opératoire a prouvé son efficacité. Plus profondément, le rôle des « interfaces entre les internautes et le milieu politique », comme les définit Félix Tréguer, commence à être reconnu. Sans distinction simpliste de couleur partisane. Parmi les plus fervents défenseurs de la neutralité du Net en France, on trouve ainsi les socialistes Christian Paul et Sandrine Mazetier, mais aussi les députés UMP Lionel Tardy et Laure de la Raudière.

L'heure de la reconnaissance

En Allemagne, la « petite cousine » de La Quadrature du Net s'appelle Digitale Gesellschaft, la « société numérique ». Elle est née en 2011. Pour son président, Markus Beckedahl, la « Netpolitique » est une évidence. C'est même le nom du blog qu'il anime depuis 2002, Netzpolitik.org : « J'ai grandi à la fois avec des ordinateurs et avec la politique. Mon père était engagé au niveau local. Alors à la fin des années 90, je me suis dit que je pourrais combiner mes deux hobbies. »

Au programme de Digitale Gesellschaft apparaissent, là aussi, la neutralité du Net et la réforme du copyright pour l'adapter aux nouveaux usages. L'association dénonce aussi la *Störerhaftung*, une jurisprudence qui tient les titulaires d'une connexion WiFi pour responsables de ce qui y transite, même si le délit est commis par un tiers. Dans ses rangs, on trouve inévitablement des activistes issus de la culture hacker mais aussi des militants venus de Greenpeace ou des Verts. « On essaie de combiner les deux approches, l'approche du Net et une approche militante un peu plus classique », pointe Markus Beckedahl.

D'où un tropisme pour la communication à destination du grand public, un terrain que le jeune homme juge un peu délaissé par les voisins français : « J'aime beaucoup La Quadrature du Net, mais pour eux, tout ce qui arrive est toujours "la fin d'Internet". On essaie, disons, d'être plus équilibrés dans notre approche, et plus orientés sur des campagnes "offline". Question de style. »

Quel que soit le style, les enjeux sont les mêmes des deux côtés du Rhin : éviter la mise en place de dispositifs d'exception sur le réseau. L'Allemagne a ainsi vécu, à partir de 2008, un vif débat autour d'un projet de loi visant à bloquer les sites pédopornographiques. « Beaucoup de politiques ne comprennent toujours pas comment fonctionne Internet, du coup leur choix se porte sur des solutions simples en apparence, juge le président de Digitale Gesellschaft. Ils s'imaginaient que bloquer des sites web, c'était la même chose que censurer un livre. Il a fallu expliquer que c'était beaucoup plus compliqué que ça, et qu'à la différence de la censure de livres, qui est un système complexe mais transparent, encadré par la justice, la censure sur Internet est opaque, devient hors de contrôle et ne résout rien, puisque les criminels sauront la contourner. »

Après un long débat parlementaire, la loi a finalement été abandonnée. Et les défenseurs des libertés numériques sont de plus en plus sollicités par les médias et les institutions : « Beaucoup plus que ce à quoi on peut répondre ! Ça fait quinze ans que je m'occupe de politique du Net, et la situation a complètement changé dans les trois ou quatre dernières années », constate Markus Beckedahl.

Le Chaos Computer Club, lui aussi, s'en rend compte. Son investissement auprès des pouvoirs publics, sur les questions de sécurité informatique et de respect de la vie privée, est pourtant ancien et a pu prendre des formes assez spectaculaires[146]. « Nous sommes écoutés depuis longtemps, explique sa porte-parole Constanze Kurz. D'ailleurs, en Allemagne, le terme "hacker" n'est pas connoté aussi négativement qu'aux États-Unis ou dans les pays asiatiques, par exemple. »

Mais si le CCC a toujours su, à partir des années 80, trouver des oreilles attentives, il s'impose aujourd'hui en véritable acteur politique. La Cour constitutionnelle allemande requiert ses lumières. Le gouvernement le consulte. Les journalistes défilent au téléphone. Pas de triomphalisme excessif chez Constanze Kurz : « Si les hackers sont devenus des experts, ce n'est pas seulement parce qu'ils l'ont voulu, c'est parce que leur voix est importante. Nous ne sommes pas si nombreux à vraiment comprendre les systèmes techniques... Ce n'est pas la communauté hacker qui a changé, c'est la société autour d'elle. Parfois on apprécie

146. Voir chapitre 1, « Ce que hacker veut dire ».

que ce soit le cas… et parfois moins », ajoute-t-elle dans un sourire.

Même écho en Suède, où Marcin de Kaminsky, l'un des fondateurs du Piratbyrån et du Julia Group, un *think tank* consacré aux libertés numériques, juge que l'intrication des systèmes politiques et des technologies rend les compétences des hackers « au minimum nécessaires ». La création du Julia Group s'est d'ailleurs faite à la demande… du gouvernement suédois.

En 2009, au moment des négociations européennes sur le « paquet télécom », c'est Telecomix qui joue, à l'origine, le rôle de lobbyiste. L'un des enjeux est d'empêcher le passage de certains amendements instaurant la « riposte graduée », avec la possibilité de sanctionner le téléchargement par la coupure de l'accès à Internet[147]. « À cette époque, des officiels du gouvernement sont venus nous trouver, en différentes occasions, pour nous dire qu'ils souhaitaient intégrer la communauté du Net au travail politique, raconte Marcin de Kaminsky.

147. Au final, le texte prévoit une procédure préalable, sans mention explicite de l'autorité judiciaire. En France, la « riposte graduée » a été mise en place par la loi Hadopi.

Mais il leur fallait des partenaires, des entités formelles, pas des *clusters* Internet. »

Le Julia Group se constitue alors avec des anciens du Piratbyrån et des petits nouveaux de Telecomix. Il est aujourd'hui, véritablement, un groupe de consultants, qui travaille notamment avec le ministère de l'Entreprise et celui des Affaires étrangères. Ce qui n'est pas forcément sans danger, comme le souligne l'activiste du Net : lorsque des acteurs établis souhaitent utiliser les compétences des hackers – qui, traditionnellement, se méfient des autorités –, le risque de la perte d'indépendance n'est pas à négliger.

Risque, aussi, de la perte d'une temporalité propre. La politique est lente, quand le hack est rapide, rappelle Marcin de Kaminsky. Du coup, « n'importe quel processus politique impliquant des hackers va les ralentir, d'autant que le processus politique n'explore pas, mais s'appuie sur la connaissance existante. La mentalité hacker, elle, consiste à passer le plus vite possible à l'étape suivante ». Être partie intégrante du débat démocratique tout en conservant sa spécificité : éternel exercice d'équilibre.

En toute transparence

L'enracinement des hackers dans le débat politique n'est sans doute, au fond, que l'une des facettes d'une exigence sociale qui les dépasse très largement, mais qui est inscrite dans leur ADN : la transparence. Julian Assange, rappelons-le, en a fait sa devise : la vie privée pour les faibles, la transparence pour les puissants. « En tant que citoyen soumis à des institutions, on est en droit de savoir comment elles fonctionnent, comment sont prises les décisions, avance KheOps, de Telecomix. Le citoyen a le droit de savoir comment fonctionnent les outils de sa démocratie. »

Et Internet, avec sa plasticité, sa circulation horizontale de l'information et sa capacité à agréger les compétences, facilite à tout le moins l'*empowerment* politique. Julien Rabier, le vice-président de la FFDN, se souvient des débats autour de la loi Hadopi : « On s'est retrouvés un soir, à presque minuit, avec des jeunes qui décortiquaient le règlement de l'Assemblée nationale pour essayer de comprendre comment se passe l'élaboration de la loi. Je ne pense pas que ce soit purement générationnel, ça va au-delà, mais ce qui est certain, c'est que de plus en plus de personnes investissent le champ politique, en disant : on ne peut pas laisser des gens qui n'y connaissent rien s'occuper d'un sujet aussi important. On m'aurait dit, il y a dix ans, que je me retrouverais à conseiller des députés, je n'y aurais pas cru. »

Dans un contexte comme celui de la Tunisie, l'enjeu de la transparence prend un poids tout particulier. Caisse de résonance de la révolution du Jasmin, lieu de libération de la parole, le réseau est vu par les cybermilitants comme un moyen de vivifier la transition démocratique. Après des décennies d'opacité et de surveillance serrée de la population dans tous les domaines de la vie sociale y compris le cyberespace, on y considère les libertés numériques comme partie intégrante des libertés politiques : « On a vécu beaucoup d'années avec de la censure sur Internet, et cette censure avait pour objectif de restreindre les libertés politiques », rappelle Sarhan Aïssi, alias Tux-Tn, jeune membre du hackerspace de Tunis.

La chute de Ben Ali a réveillé les appétits et les bonnes volontés. « À partir du 14 janvier 2011, il y a eu un grand désir d'exercer une citoyenneté active et constructive, raconte Sarhane Hichri, un consultant en technologies de l'information d'une quarantaine d'années. Pour des gens comme moi, toutes les portes se sont ouvertes. Grâce à Internet, on a les moyens de partager nos envies, d'échanger nos points de vue. »

Les liens entre les hackers, les promoteurs du logiciel libre, l'Association tunisienne des libertés numériques et le mouvement citoyen autour de la « gouvernance ouverte » sont donc étroits – quand bien même c'est sur Facebook qu'est né, en novembre 2011, le groupe OpenGovTN[148]. Il faut dire que les valeurs affichées par ce groupe informel sont très proches de l'éthique hacker : transparence, collaboration, égalité entre les membres et libre initiative. Le président de l'ATLN, Khelil Ben Osman, n'hésite d'ailleurs pas à parler de fonctionnement « à la Anonymous », ouvert, horizontal et reposant sur la libre discussion.

OpenGovTN, qui se présente là encore comme une interface entre les citoyens et leurs représentants, compte aujourd'hui plus de six cents membres, dont une trentaine de députés à l'Assemblée nationale constituante. Il a déjà obtenu des résultats significatifs. À la suite d'une campagne menée par le groupe et ses partenaires, l'Assemblée

148. [www.opengov.tn].

a ainsi inscrit à son règlement intérieur le droit pour les citoyens de suivre ses travaux, la publication de ses documents et celle du résultat des votes.

Malheureusement, les déclarations d'intention peinent à être appliquées. « On se heurte au mur des mentalités, déplore Mabrouka M'barek, jeune élue du Congrès pour la République. Quand je twitte pendant les séances, certains de mes collègues considèrent que je livre des secrets d'État… Pour eux, le citoyen doit juste connaître ce qui entre et ce qui sort, l'*input* et l'*output*. J'ai une conception différente : la Constitution ne peut être légitime que si le peuple y participe. »

Dans les faits, difficile, par exemple, de se procurer les procès-verbaux des séances. Là encore, c'est la société civile qui joue le rôle de vigie. Ainsi l'association Al Bawsala, « la boussole », a-t-elle lancé Marsad[149], un observatoire de la Constituante, qui propose un annuaire des élus, des rapports, une revue de presse et un suivi des votes. Quitte à aller prendre des photos au moment où les députés appuient sur le

149. [marsad.tn]

bouton. Mabrouka M'barek le constate, depuis qu'Al Bawsala surveille l'hémicycle, les députés sont plus attentifs…

Mais les objectifs d'OpenGovTN ne se limitent pas à la transparence des travaux sur la future Constitution tunisienne. Le groupe a par exemple participé, en décembre dernier, au premier « Hackathon[150] contre la corruption » organisé par l'association Anticor Tunisie. L'ingénieure Inès Hammami, qui a initié une tournée des universités tunisiennes sous le nom d'OpenGov University, insiste : « La Constituante, ce n'est qu'un des volets. Il ne faut pas se satisfaire de ce qu'on nous donne. Les institutions ont avancé au début, mais elles bloquent, par crainte de la transparence. Des représentants de plusieurs partis ont même parlé d'immaturité de la population tunisienne. »

Pour Azza Chaouch, arrivée au hackerspace de Tunis via OpenGovTN, le collectif doit aussi prendre garde à ne pas s'éloigner de ses fondamentaux : « À force de se focaliser sur les problèmes

150. Contraction de « hack » et de « marathon » : autrement dit, un marathon de programmation informatique collaborative, qui peut durer plusieurs jours.

immédiats, on oublie parfois l'objectif de long terme, qui est de sensibiliser la société civile et le gouvernement, de vulgariser ces notions de transparence et de bonne gouvernance. »

Et ce n'est pas simple. Tous le reconnaissent : même si l'aspiration à la participation a été au cœur de la révolution tunisienne, même si le sujet intéresse quand il est mis sur le tapis, les difficultés du quotidien n'aident pas forcément à la vitalité du débat démocratique. D'autant que si près d'un tiers de la population tunisienne utilise Internet, la fracture numérique reste un obstacle. « Il y a une coupure entre Tunis et le reste, explique Inès Hammami. La téléphonie mobile a commencé à être une parade pour accéder à l'information, mais ces outils peuvent aussi jouer contre les citoyens, s'ils ne les maîtrisent pas. Il faut équiper le nord et l'intérieur du pays. C'est pour ça qu'il faut inscrire le droit à l'information et le droit au Net dans la Constitution. »

En attendant, on avance « à pas de souris », comme le dit Mabrouka M'barek. Avec ou sans Internet. « L'OpenGov ne s'y limite pas, assure la députée. La petite ville de Sayada qui publie son budget, c'est un exemple concret de la manière dont cette idée peut s'appliquer sur le terrain. Sortir le concept des médias sociaux, c'est l'un des enjeux. Quand une petite ville publie ses dépenses sur son tableau d'affichage, on a tout gagné. »

Et on rend tout retour en arrière plus difficile. Le mari d'Inès Hammami, l'avocat Samih Abid, lui aussi très investi dans le groupe OpenGovTN, en est convaincu : « Si le savoir est la source du pouvoir, le partager en le diffusant aboutit à un morcellement du pouvoir. » Avant de conclure : « On n'a pas le choix, il faut agir. Se poser la question de l'échec est un luxe. »

À l'abordage de la démocratie

Agir pour la transparence, c'est aussi l'objectif du tout jeune Parti pirate de Tunisie. À ne pas confondre avec son presque homologue, le Parti pirate tunisien, légalisé un mois avant, en mars 2012 : « Au départ, il n'y avait qu'un groupe, explique Wassim Ben Ayed, étudiant en informatique et membre fondateur. Mais il y avait des problèmes de transparence, justement. » Deux organisations différentes ont donc déposé une demande au ministère de l'Intérieur et ont été officiellement reconnues.

Pas de quoi entamer pour autant la détermination de la formation naissante. Pouvoir s'afficher en toute légalité est, il est vrai, un acquis que les habitants de démocraties même imparfaites ne mesurent pas toujours. « Avant la chute du régime, on ne pouvait pas exprimer ses opinions politiques, on avait toujours peur d'être dénoncé, rappelle Wassim. Nous étions un petit groupe de personnes de confiance, on discutait, on s'échangeait des câbles de WikiLeaks… Après le départ de Ben Ali, on en avait marre de la dictature, de la censure. On a voulu créer un parti pour défendre nos libertés. »

Le petit groupe a discuté pendant trois mois, dans les locaux du site de journalisme citoyen *Nawaat*, avant de se lancer. Il compte aujourd'hui quelques dizaines de membres actifs, dont le blogueur Slim Amamou, qui a participé en avril 2012 à l'assemblée mondiale des partis pirates, ainsi que cent à cent cinquante participants au réseau social « maison ». La plupart des membres viennent de Tunis et des environs. Pas de structure formelle : « On a un petit bureau exécutif parce que c'est demandé par la loi, mais c'est juste pour la paperasse, il n'y a pas de chef », sourit l'étudiant.

Quant au programme, c'est le grand classique de l'hacktivisme : liberté d'information, liberté de partage, défense des droits fondamentaux et changement des modes de gouvernance politique, en essayant de la rendre « accessible au citoyen via la technologie ». Mais les petits Pirates tunisiens ne veulent pas s'en tenir là. Pour Wassim Ben Ayed et ses camarades, il s'agit aussi de gamberger pour tenter de répondre au problème du chômage, par exemple. Et d'acquérir de l'expérience, en se présentant aux élections à venir : « Pour ce qui est de la politique, pointe le jeune Pirate, on est tous des *newbies.* »

Démarche de hacker par excellence, se dira-t-on. Comme le rappelle le webmaster de la FIDH, Nicolas Diaz, qui suit de près la communauté cybermilitante tunisienne : « Pour la politique, c'est comme pour le reste : quand on veut comprendre, le mieux, c'est d'y mettre les mains. »

Se constituer en parti politique ne va pourtant pas forcément de soi. « La manière classique de faire de la politique, pour un hacker, serait de rester de son côté ou de créer une association pour faire pression, estime Jörg Blumtritt, le porte-parole des Pirates de Berlin. Créer un parti, c'est un engagement vers la société en général. » Et un pas de plus dans les lieux du pouvoir. Pour Maxime Rouquet, coprésident du Parti pirate français, ce qui motive la forme « parti », c'est qu'il y a vraiment trop de distance entre les idées défendues par les associations et les décisions effectivement prises par les politiques. Autant mouiller directement la chemise.

Et la mouiller ensemble, de préférence. Pour les militants des partis pirates, faire avancer leurs points de vue au sein des structures classiques, c'est risquer au mieux l'épuisement, au pire l'échec. « Tu imagines le boulot que ça représenterait d'imposer ces thématiques dans des partis comme le PS ou l'UMP ?, s'exclame Guillaume Lecoquierre, dit Skhaen, ex-coprésident du PP français. Autant tout reprendre *from scratch* ! »

Les premiers à être partis à l'abordage, drapeau au vent, sont les Suédois. Le contexte y était favorable : le pays a vu naître le Piratbyrån, le « bureau pirate », puis le site de téléchargement The Pirate Bay, et le slogan « Kopimi » – pour *copy me*, « copie-moi » – y a rencontré un tel succès qu'il est même devenu une… religion, lancée par un étudiant en philosophie et reconnue début 2012 par les autorités[151]. C'est le 1er janvier 2006 que le *Piratpartiet*[152] est officiellement lancé, avec comme principaux éléments de programme la réforme des droits de la propriété intellectuelle et la protection de la vie privée et des libertés fondamentales, en ligne ou *offline*. C'est lui qui offre au mouvement pirate son premier élu : en mai 2009, Christian Engström fait son entrée au Parlement européen de Strasbourg, où il siège au sein du Groupe des Verts/Alliance libre européenne. Il sera rejoint en 2011, après l'entrée en vigueur du traité de Lisbonne, par Amelia Andersdotter, qui devient alors, à 23 ans, l'une des benjamines de l'hémicycle.

En septembre de la même année, c'est au tour de l'Allemagne de voir naître son *Piratenpartei*. Succès au rendez-vous : six ans après sa mise à flot, il compte plus de trente mille adhérents et quarante-cinq parlementaires, dont vingt en Rhénanie du Nord-Westphalie et quinze à Berlin. La prochaine

151. Voir Benjamin FERRAN, « Une religion prônant la copie sur le Net reconnue en Suède », Lefigaro.fr, 4 janvier 2012 [www.lefigaro.fr/hightech/2012/01/04/01007-20120104ARTFIG00553-une-religion-pronant-la-copie-sur-le-net-reconnue-en-suede.php].
152. [www.piratpartiet.se]

échéance, pour la formation, sera sans doute l'heure de vérité : les élections au Bundestag, en septembre prochain.

Entre-temps, le Parti pirate français a lui aussi vu le jour, au mois de juin 2006, à la veille du vote sur la loi DAVDSI. Mais avec moins de bonheur, puisqu'il compte toujours moins d'un millier d'adhérents, malgré ses vingt mille *followers* sur Twitter. Lors des dernières élections législatives, seuls vingt-cinq de ses candidats ont dépassé 1 % des voix. Le mode de scrutin majoritaire, il est vrai, ne lui est clairement pas favorable. Et les questions relatives aux libertés numériques y sont moins porteuses qu'en Allemagne ou en Suède.

Au total, le Parti pirate international[153] compte aujourd'hui vingt-huit organisations membres et six observateurs. Son rôle consiste essentiellement à coordonner les échanges entre les partis membres, et à aider au bon développement des petits nouveaux. On y réfléchit aussi à une liste commune pour les prochaines élections européennes, en 2014. Cette dimension transnationale,

153. [www.pp-international.net].

les pirates y tiennent : « On n'est pas comme les partis qui ne regardent que la situation allemande, insiste Oliver Höfinghoff, le député berlinois. Les Pirates, c'est un mouvement global » – à l'image du réseau.

Bouffée d'air et démocratie liquide

Un mouvement qui rappelle, à bien des égards, l'émergence des écologistes dans les années 70. Chez les Pirates, on tient à faire de la politique autrement. « Beaucoup d'entre nous ont en commun la joie de partager, la joie de hacker aussi, pas seulement les ordinateurs, sourit Jörg Blumtritt. Moi, par exemple, je m'intéresse à la cuisine moléculaire. Et puis il y a, je crois, un grand hédonisme. Les conventions du Parti pirate tiennent un peu du festival. On y a déjà projeté des épisodes de *Mon petit poney* ! J'appelle ça de la politique naïve. »

Faire de la politique autrement, c'est rester soi-même. De quoi provoquer un choc culturel, à l'entrée des premiers Pirates dans les institutions. Oliver Höfinghoff se souvient de l'ambiance au Parlement de Berlin, à leur arrivée : « Les parlementaires traditionnels riaient beaucoup, à cause des cheveux teints, des keffiehs… Depuis, ils se sont habitués, même s'ils continuent, bien sûr, à se saisir de ce qu'ils peuvent. Lorsqu'un de mes collègues vient en bermuda, ils l'accusent de ne pas respecter les institutions. Mais on n'a pas l'intention de changer. »

Au-delà de la bataille du bermuda contre le costume-cravate, le « Pirate type » existe-t-il ? D'après le Français Maxime Rouquet, pas vraiment. On trouve, dit-il, « un peu de tout », même si l'âge moyen y est certainement plus bas qu'ailleurs. Mais il le reconnaît lui-même : en interne, les catégorisations intéressent peu, « culture d'Internet » oblige. Quatrième point de l'éthique hacker : on ne juge pas les gens pour ce qu'ils sont, mais pour ce qu'ils font. La posture est louable mais peut probablement nourrir une certaine forme d'impensé social.

Reste qu'à mesure qu'ils progressent en nombre d'adhérents et en voix lors des scrutins, les Pirates évoluent. À Berlin, Jörg Blumtritt l'a clairement constaté : « Au début, c'étaient des gens qui s'étaient croisés dans les hackerspaces, au Chaos Computer Club, des gens du secteur informatique, des travailleurs indépendants. Et puis il y a eu une deuxième vague, celle des adhérents motivés par les libertés publiques et la transparence. Du coup, cette question de la transparence dans la gouvernance devient la priorité, et c'est intéressant de voir comment ces deux cultures se confrontent. »

Une chose est sûre : en Allemagne, pour les activistes du libre ou les associations de défense des libertés numériques, l'émergence du Piratenpartei a été une bouffée d'air. « Ça a rendu ma vie plus facile », souffle Matthias Kirchner, le coordinateur de la Free Software Foundation Europe. Pas seulement, d'ailleurs, parce qu'il y a trouvé de nouveaux interlocuteurs politiques, mais aussi parce que ceux avec qui le dialogue était déjà établi ont trouvé, dans l'ascension des Pirates, un point d'appui pour pousser à la prise en compte des questions numériques dans leurs organisations.

À l'échelle de l'Europe, l'arrivée de députés pirates au Parlement de Strasbourg commence, elle aussi, à faire bouger les lignes. Même si le chemin est long et ardu, comme l'expérimente Amelia Andersdotter. « Je n'ai jamais eu le sentiment de ne pas être prise au sérieux, assure la jeune Suédoise. Au contraire, je crois que beaucoup de parlementaires veulent se saisir de ces changements de société. Simplement, ils ne savent pas comment faire. Il y a toujours cette crainte de l'ouverture, l'idée que le pouvoir doit contrôler l'information. Ça devrait changer, ça changera probablement, et le plus tôt sera le mieux. »

Ce qui changera probablement, ce n'est d'ailleurs pas seulement la perception des questions liées aux libertés numériques. La percée des partis pirates fait aussi, doucement, évoluer les outils de la participation. Pour assurer le débat interne, les Pirates allemands ont mis en place une plate-forme collaborative nommée Liquid Feedback. Le principe en est le suivant : chaque adhérent peut y proposer une prise de position et inviter d'autres membres à soutenir son initiative. Quand le quorum des 10 % de votants est atteint, le texte est soumis au vote, pendant plusieurs semaines. Les opposants ont, de leur côté, la possibilité de soumettre une proposition alternative. Et pour qui ne se sent pas suffisamment compétent, il est possible de déléguer son vote.

« Pour nos représentants dans les parlements, c'est évidemment très intéressant d'avoir ce retour, note Jörg Blumtritt. Le paradigme de la démocratie représentative, c'est de considérer que les groupes sont assez homogènes pour être représentés par une seule personne. Il y a deux cents ans, il n'y avait pas d'autre option. Aujourd'hui, avec les médias sociaux, les gens peuvent se représenter eux-mêmes. » De fait, la « démocratie liquide » chère aux Pirates allemands se situe quelque part entre la démocratie représentative et la démocratie directe. Mais si Liquid Feedback est largement mis à profit par les Berlinois, il est nettement moins utilisé dans le reste du pays[154].

Au moins essaie-t-on de changer la donne. « Les Pirates font beaucoup de tests, renchérit le blogueur Michael Seeman. Aucun autre parti ne tente une expérience aussi radicale que la démocratie liquide. Rien que pour ça, c'est très important. » D'autant que d'autres s'en inspirent : les jeunes Verts allemands ont mis en place leur propre plate-forme de consultation, largement calquée sur Liquid Feedback. À une plus petite échelle, le Français Skhaen cite l'exemple du député socialiste Christian Paul, qui a soumis en ligne sa proposition de loi sur la neutralité du Net, sur un outil collaboratif : « Tout ça, ça apporte de l'ouverture, de la fraîcheur, de nouveaux outils. Si les élus prenaient

154. Voir Rachel Knaebel, « Les Pirates allemands en plein désenchantement », Basta !, 30 octobre 2012 [www.bastamag.net/article2745.html].

l'habitude de les utiliser, on aurait peut-être des lois intelligentes, pour une fois… »

Mais là encore, l'inventivité de la méthode peut vite se heurter à la fracture numérique. On y fait face en « implémentant » les principes de la démocratie liquide dans la vie physique : le Parti pirate français utilise le vote par délégation dans ses assemblées générales – d'autant que le vote électronique, rappelle Maxime Rouquet, n'est pas sans présenter des risques. Autre espoir pour les militants connectés : que l'appétit de politique déclenche l'appétit technique. Jörg Blumtritt, qui forme régulièrement de nouveaux adhérents à l'utilisation de Liquid Feedback, se retrouve parfois avec un tiers de participants munis d'un ordinateur portable neuf. « Je trouve ça fou, s'enthousiasme-t-il, de voir des gens avec une telle envie de participer qu'ils utilisent Internet pour la première fois ! »

Dans les communautés hackers, on suit de près cet abordage de la démocratie. Avec, le plus souvent, de la bienveillance. « Il était temps que quelqu'un propose une nouvelle approche de la politique, avance E-punc, l'un des membres du hackerspace berlinois C-base. L'ancienne ne fonctionne plus. Quand les Pirates parlent de réseaux, de liberté d'expression, ils connaissent leur sujet. J'espère simplement qu'ils vont trouver une cohérence sur d'autres questions. Parce que faire un parti, ça veut aussi dire avoir une opinion sur la politique étrangère, par exemple. »

« Changer le système avant qu'il ne nous change »

C'est là que le bât blesse le plus. Le droit à la vie privée, la liberté d'expression, la transparence des données publiques, la réforme de la propriété intellectuelle, tout ça ne fait pas un programme. Or sans programme, difficile de prétendre agir en politique. « Dans les trois dernières décennies, on a eu deux autres nouveaux partis, les Verts et Die Linke, qui avaient des buts politiques, une idéologie, analyse Constanze Kurz, la porte-parole du Chaos Computer Club. Le Parti pirate allemand a un but de transparence, de participation, mais est-ce que c'est suffisant ? C'est ce que les gens lui demandent maintenant : de développer une idéologie. »

Une idéologie, et un ancrage de terrain. Markus Beckedahl, le président de Digitale Gesellschaft, est de ce point de vue assez critique : « Je suis assez fan de leur travail, mais je me demande si ça fonctionne… Ils en sont toujours à parler de structure, beaucoup moins de contenu et de campagne. C'est un peu frustrant : ils sont trente mille adhérents sur le papier, et même sur les questions de politique du réseau, il n'y a pas eu de vraie campagne, en dehors des élections. »

En France, la campagne pour les législatives de 2012 a soulevé des critiques, en externe mais aussi en interne. Car si les outils numériques sont utiles, ils ne sont certainement pas suffisants. La présence physique est une modalité de la politique, et c'est elle qui a fait défaut. Pour leur défense, les Pirates français avancent la petitesse de leurs effectifs, la maigreur de leurs moyens, la nécessité de poser les bases de la démocratie interne, et le temps nécessaire à l'élaboration programmatique. La modestie de l'approche, aussi : « Quand il s'est constitué, le Parti pirate suédois a choisi de ne pas prendre position sur tous les sujets, mais sur ceux sur lesquels il s'estimait compétent, justifie Maxime Rouquet. Le but, c'est de mettre en avant des questions sur lesquelles on a travaillé. »

Reste que quand on est élu, on est bien obligé de se colleter à autre chose qu'aux sujets liés au numérique ou aux libertés fondamentales. Alors en Allemagne, on y travaille. « Je me souviens comment ça a commencé il y a six ans, raconte Oliver Höfinghoff. On disait : on veut la liberté sur Internet, on ne veut pas être observés, et c'était à peu près tout. Maintenant, on se positionne sur les questions économiques, sociales. Ça a beaucoup progressé. » Et s'il n'est pas certain que le programme sera ficelé pour les élections au Bundestag de septembre 2013, il assure qu'« on n'en sera pas loin ».

Au quotidien, dans son vaste bureau du Parlement de Berlin, Oliver Höfinghoff s'investit sur le dossier du logement. Il travaille à améliorer l'accès au marché immobilier des personnes à faible revenu et à limiter le phénomène des « appartements de vacances », qui transforme pendant l'année, dit-il, certaines parties de la capitale allemande en quartiers fantômes. Et il pousse notamment au débat sur une limitation des loyers, pour préserver la mixité sociale.

De quoi reposer, au passage, la question du placement des partis pirates sur l'échiquier politique. Originellement, le mouvement entendait échapper au clivage droite/gauche. Dans les faits, c'est effectivement assez compliqué, les Pirates pouvant osciller entre la culture libertarienne de l'État minimal et une culture libertaire attachée à l'égalité sociale. Les élus berlinois, pour leur part, défendent la Sécurité sociale, l'égalité des droits, l'égal accès aux infrastructures. « Cette classification, c'est un débat, depuis le début, sourit Jörg Blumtritt. Disons que si on prend d'un côté une échelle gauche/droite et de l'autre une échelle libéral/autoritaire, je classerais la plupart des membres du Parti pirate allemand comme des libéraux de gauche. »

De son côté, au Parlement européen, Amelia Andersdotter se connecte aux débats en cours avec sa sensibilité propre. Et déplore que les questions numériques soient rangées dans une case à part, avec par exemple la création d'une direction générale « Réseaux de communication, contenu et technologies » au sein de la Commission européenne. La certitude, pour elle, que les autres directions proposent des législations allant à l'encontre des opportunités et des besoins. Frustration, encore, de constater que lors des débats budgétaires, les investissements dans les infrastructures de télécommunication soient considérés comme des affaires purement « numériques » : « C'est pourtant un moyen d'aider au partage de la culture, à l'échange… C'est comme si on essayait de déconnecter la communication des communautés humaines au sein desquelles elle a lieu », se désole-t-elle.

Le découragement peut parfois guetter ces politiques d'un nouveau genre, habitués à penser global et horizontal. « Par moments, j'ai envie de m'enfuir, de me procurer une fausse carte d'identité – mettons, pour un pays d'Asie centrale – et de faire autre chose de ma vie que regarder des gens qui ont peur du changement et de l'*empowerment*, fulmine l'eurodéputée suédoise. Le pire, c'est que personne ne s'affiche contre : au contraire, tout le monde se dit toujours très enthousiaste. Mes collègues aiment cette idée de réseaux de communication ouverts, ils pensent que c'est une bonne chose d'aider à leur construction. Mais ils sont incapables de trouver un cadre réglementaire qui ne les mette pas en danger. »

Mais le plus grand risque, pour les partis pirates, n'est peut-être pas l'épuisement de ses représentants. Ceux qui participent à l'aventure, comme ceux qui l'observent de près, en sont tous conscients : on ne change pas un système sans être changé par lui. « Les partis pirates, analyse Nicolas Danet, le coauteur d'*Anonymous*[155], c'est la forme institutionnalisée, républicaine, de l'esprit d'Internet. Mais c'est un peu comme tous ces moments dans l'histoire où tu as des basculements : est-ce qu'on va vers une radicalisation, ou au contraire vers l'institutionnalisation ? En Allemagne, le Parti pirate joue les trublions. Il y a quinze ans, c'étaient les Verts qui étaient dans ce rôle : Joshka Fisher, quand il était ministre, il portait des jeans, il était vu comme l'altermondialiste de service… Depuis, ils sont rentrés dans le rang. »

« Bien sûr que ça aura des effets, reconnaît Oliver Höfinghoff. Ça en a déjà. L'important, c'est de ne pas se laisser standardiser. Ce qui compte, c'est à quel point on aura changé le système avant qu'il ne nous change. » Sa jeune camarade Mareike Peter a beau être aussi enthousiaste, elle est plus inquiète. Elle craint que son parti, à trop fréquenter les lieux de pouvoir, n'y perde ses idéaux. « Si ça va jusqu'à ne plus le reconnaître, alors je chercherai une autre organisation qui reprenne ses idées, lâche-t-elle.

155. *Op. cit.*

J'espère que nos représentants se rendent compte de ce danger et qu'ils travaillent à ne pas s'y laisser piéger. »

Pas si simple, décidément, de venir mettre le bazar dans les cathédrales…

Chapitre 5

Du bazar dans les cathédrales

« Le cyberespace ne se trouve pas à l'intérieur de vos frontières. [...] Nos identités sont probablement dispersées à travers un grand nombre de vos juridictions. [...] Il nous faut déclarer que nos identités virtuelles ne sont pas soumises à votre souveraineté, alors même que nous continuons à consentir à ce que vous gouverniez nos corps[156]*. »*

---

156. John Perry Barlow, « Déclaration d'indépendance du cyberespace », 1996. Voir introduction, « Le changement, c'est maintenant ».

C'est en 1997 – un an, donc, avant d'impulser la création de l'Open Source Initiative – que l'Américain Eric S. Raymond présente pour la première fois, lors d'un congrès international de programmeurs Linux, un essai qui va devenir une référence dans les communautés hackers : *La Cathédrale et le Bazar*[157]. Il y décrit le développement de ce système d'exploitation libre : flexible, ouvert à tous en permanence – le « bazar », qu'il oppose à la « cathédrale » d'autres projets *open source*, où le code n'est accessible qu'au moment de la sortie d'une nouvelle version des logiciels, et restreint, le reste du temps, à un petit groupe d'informaticiens triés sur le volet.

157. Eric S. Raymond, *The Cathedral & the Bazaar*, O'Reilly, 2001.

En bon libertarien[158], Raymond est convaincu de la supériorité de l'organisation spontanée et de l'efficacité de la collaboration étendue : *given enough eyeballs, all bugs are shallow* – « avec suffisamment d'yeux, tous les bugs sont réduits ». C'est la transparence totale qui permet d'agréger le maximum de compétences techniques.

La métaphore est belle, trop belle pour rester cantonnée à l'univers des programmes informatiques. Elle va rapidement permettre de rendre compte de l'écart, et des collisions éventuelles, entre la souplesse des fonctionnements horizontaux et la rigidité des organisations verticales, hiérarchisées. Quand les hackers entrent dans les cathédrales, ils peuvent effectivement y mettre une sérieuse dose de bazar. Casser les routines, court-circuiter les logiques préexistantes, réinventer les manières de faire.

Des essaims et une méduse

On l'a vu plus d'une fois au cours des pages qui précèdent, la structure même d'Internet, dès

158. Libertarien, Eric S. Raymond ne l'est d'ailleurs pas qu'à moitié : il est par exemple favorable au port d'armes.

l'origine, c'est l'éthique hacker appliquée aux « tuyaux » : libre accès, circulation de l'information, décentralisation. Une structure qui, si elle n'est pas *anarchiste* par destination, est dans les faits très anarchique. C'est ce que décrit KheOps, l'un des hacktivistes français de Telecomix : « Il n'y a pas de point central, tout repose sur des protocoles et des connaissances qui sont ouverts, que chacun peut utiliser et mettre en place. En gros, n'importe qui peut communiquer avec n'importe qui d'autre. »

Pour ses habitants, le réseau est un vaste plan horizontal, où la socialisation ne connaît pas de frontières, où l'on a pris l'habitude de penser global et où les circuits classiques de la communication « physique » sont chamboulés. « Les structures verticales, comme les médias de masse par exemple, réduisaient la complexité de la société, juge le blogueur allemand Michael Seeman. Mais avec l'arrivée du Net, il est devenu possible de les contourner, de faire passer un message sans elles. »

Contournement, nouveaux usages, mais aussi nouvelles façons de s'organiser. Pour qui n'est pas familier de la nage en eaux numériques sous la surface du Web, la question n'est pas toujours simple à appréhender. L'irruption de l'hacktivisme sur la scène médiatique en témoigne : combien de fois aura-t-on entendu parler du « groupe » Anonymous, comme s'il s'agissait d'une association, avec des buts précis et une ligne clairement définie… La réalité des serveurs IRC sur lesquels se retrouvent les militants de l'ère numérique est bien différente, infiniment plus mouvante. « Liquide », pour reprendre un terme cher aux Pirates allemands.

« Se connecter sur un serveur IRC, ça prend à peu près dix secondes, explique KheOps. Donc c'est extrêmement facile de rejoindre un lieu virtuel pour discuter avec des gens, encore plus que d'entrer dans un café. La navigation est permanente, les frontières sont très vite floues. » On arrive, on repart, on suit plusieurs discussions en même temps, on participe – ou pas.

Pas de carte de membre, pas de chef, pas de « ligne du parti », et des modes de délibération collective à géométrie très variable. C'est le règne de la *do-ocratie*, le « pouvoir à celui qui fait » : celui qui a une idée la met en place, les autres s'y agrègent éventuellement. « À Telecomix, il n'y a pas de consensus, seulement des gens qui font des choses, avance Okhin. Quand KheOps s'est lancé dans l'OpSyria[159], il était un peu tout seul, puis on a été deux ou trois à le rejoindre, et ça s'est fait comme ça. »

Les hacktivistes parlent souvent de fonctionnement en « essaim », notamment à propos d'Anonymous : des individus qui avancent globalement dans la même direction, avec, de temps en temps, un élément qui se détache et peut en entraîner d'autres. Métaphore zoologique encore du côté de Telecomix qui se compare à une méduse, les divers projets du *cluster* faisant office de tentacules. Okhin insiste : « Ça n'est même pas une organisation horizontale, c'est une organisation par le chaos. On ne sait pas où on va, mais on y va. »

Un chaos malgré tout relatif et maîtrisé, chez Telecomix comme chez Anonymous. Un noyau de personnes de confiance est chargé de faire en sorte que les serveurs soient accessibles, afin de maintenir un outil fonctionnel. Les canaux de discussion, ou *chans*, ont leurs « opérateurs », qui peuvent éventuellement expulser un utilisateur trop indélicat. Il existe des hiérarchies officieuses, par cooptation, dont le fondement est d'abord technique. Mais

159. Voir chapitre 2, « Circulez, y a tout à voir (ou presque) ».

c'est le groupe, en dernière analyse, qui est censé s'autoréguler.

Anonymous, par les proportions qu'ont pu prendre ses opérations les plus relayées, est la forme la plus spectaculaire de ce « bazar » organisationnel. Se connecter pour la première fois sur un serveur IRC et rejoindre un canal de discussion revient à entrer dans un bar bondé, où les conversations se mélangent et où on peut attendre un bon moment avant de pouvoir commander au comptoir. S'y entrecroisent des commentaires d'ambiance à base de pizza froide, des débats politiques sur la situation au Moyen-Orient, des liens vers des vidéos LOL, des informations relatives à la cybersurveillance et une proportion non négligeable de blagues salaces. Contrairement à l'image qui en a souvent été donnée, y accéder n'a rien de mystérieux ni de particulièrement complexe[160]. Les serveurs IRC sont ouverts à tout vent, de même que la plupart des canaux, consacrés à des sujets divers ou à des opérations particulières. Il existe bien sûr des *chans* privés, uniquement accessibles par mot

160. Il suffit pour cela d'un simple logiciel dit « client IRC », dans lequel on entre l'adresse du serveur auquel on souhaite accéder.

de passe ou sur invitation, pour les opérations les plus sensibles – autrement dit, les moins légales.

Anonymous tient donc beaucoup plus de la « nébuleuse » que du groupe structuré. « C'est une nouvelle façon de manifester, avance Sam, un étudiant qui a beaucoup fréquenté le serveur AnonOps. Avec la possibilité de toucher des organismes et des institutions qui pouvaient paraître intouchables. Anonymous, c'est défendre ses idées, unies avec celles d'autres personnes, par le biais numérique. Et si les idées séduisent, il y aura plus de monde pour s'y mettre, c'est comme ça que ça avance. »

Et parce que chacun peut par principe s'en emparer, s'en revendiquer, c'est aussi un concept – une « étincelle dans le cerveau géant de l'humanité », dit avec lyrisme le hacker berlinois Ijon. Une « prise de conscience mondiale », pour Sam, autour de l'anonymat et de la liberté d'expression.

Nicolas Danet, parmi d'autres, définit également Anonymous comme un *mème*, à savoir un élément culturel répliqué, remixé, ajusté en permanence, qui se transmet et fait sens sur le plan horizontal du réseau. Tout comme les *lolcats*, ces photos de chatons barrées de slogans absurdes et volontairement mal orthographiés, ou la chorégraphie de la chanson sud-coréenne *Gangnam Style*, reprise d'un bout à l'autre de la planète – y compris par l'artiste britannique Anish Kapoor et par le dissident chinois Ai Weiwei –, le masque de Guy Fawkes est devenu l'un des éléments d'une culture transversale qui ne connaît pas de frontières. C'est toute sa force, celle de la réappropriation et du nombre. C'est le slogan sous la bannière : « Nous sommes légion[161]. » Un « grand atout », pour Sam, « si le mouvement arrive à se gérer et à éviter les écarts ».

Toute sa force, et toute sa limite. Pour Constanze Kurz, la porte-parole du Chaos Computer Club, difficile d'exprimer une opinion sur Anonymous en soi : « Je ne vois pas de mouvement en général, je vois une multitude de groupes, avec parfois de bonnes opérations, et parfois des trucs d'ado, qui n'ont rien à voir avec l'éthique hacker. Et puis il y

161. Un slogan qui n'est pas sans rappeler la formule de John Perry Barlow dans sa « Déclaration d'indépendance du cyberespace » : « Nous allons nous disperser partout sur la planète, de manière que personne ne puisse arrêter nos idées. »

a un autre problème, la pénétration potentielle par les services secrets ou la police, comme on a pu le voir aux États-Unis[162]. On ne sait jamais à qui on parle. »

D'autres pointeront le manque de sens de la responsabilité, ou encore l'écueil de la précipitation. Mais la difficulté du moment pour Anonymous, c'est peut-être surtout sa capacité à trouver des terrains de mobilisation rassembleurs et à renouveler sa manière de « hacker l'information ». Dans les faits, depuis les printemps arabes et la fermeture de MegaUpload, les opérations estampillées Anonymous ont eu nettement moins d'impact et de retentissement médiatique, même si l'écho des cyberattaques lancées en novembre dernier contre des sites gouvernementaux israéliens, en soutien aux Palestiniens de Gaza, a pu leur apparaître comme une embellie.

162. Au début de l'année 2012, le FBI a opéré un vaste coup de filet parmi trois groupes d'hacktivistes, AntiSec, Internet Feds et LulzSec, dont le noyau dur était issu d'Anonymous. Il avait auparavant « retourné » un hacker new-yorkais membre de ces groupes. Voir Pierre Alonso et Guillaume Ledit, « Hackers décapités », Owni, 7 mars 2012 [owni.fr/2012/03/07/hackers-decapites-lulzsec-anonymous-fbi-sabu].

« For the lulz »

Les résultats de cette auto-organisation spontanée – une « tentative d'anarchie en ligne », comme la résume Michael Seeman, qui s'avoue aussi fasciné qu'effrayé par le phénomène – sont hétérogènes et parfois contradictoires. On l'a déjà signalé, les modes d'action ne sont pas unanimement partagés, notamment le *dox*, la publication de données personnelles. Anonymous recouvre par ailleurs une grande variété de profils, d'objectifs et de sensibilités, allant des individus les plus politisés à ceux les plus motivés par le *lulz*, ce « côté obscur » de l'humour en ligne, grinçant, nourri d'autodérision et parfois assez cruel. *I dit it for the lulz*, « je l'ai fait pour la déconne », l'expression est devenue un classique de la Toile.

D'où la persistance de malentendus cocasses. Depuis qu'ils ont publié *Anonymous : Peuvent-ils changer le monde ?*[163], Frédéric Bardeau et Nicolas Danet sont régulièrement sollicités par les médias pour donner leur éclairage. Le jour où nous nous retrouvons pour une interview en bonne et due forme, Frédéric Bardeau n'en revient pas : il vient d'être contacté par des journalistes qui

163. *Op. cit.*

s'interrogent sur une éventuelle prise de position Anonymous dans la campagne présidentielle américaine. « Tout ça parce que ce qu'ils croyaient être un "compte officiel" Anon[164] sur Twitter a posté une photo de la mère d'Obama à poil, pouffe-t-il. Déjà, il a fallu leur expliquer que les "comptes officiels" Anonymous, ça n'existe pas. C'est ce qui s'appelle être à côté de la plaque. »

Ce mélange des genres – du soutien aux printemps arabes à « la mère d'Obama à poil » – s'explique par la généalogie même de la mouvance. « Anonymous », à l'origine, c'est l'identité par défaut sous laquelle postent les utilisateurs de 4chan, un forum anonyme de partage d'images lancé en 2003, parfois décrit comme le « trou du cul du Net ». La première opération Anonymous identifiée, en 2006, a constitué en un raid sur le site du monde virtuel pour adolescents Habbo Hotel : représentés par des avatars d'Afro-Américains en costume gris, les Anonymous de l'époque ont bloqué l'entrée de la piscine de l'hôtel, « fermée pour cause de sida ». Avant de hurler au racisme

164. Forme abrégée d'Anonymous.

quand les administrateurs du réseau les en ont bannis.

La matrice culturelle d'Anonymous, c'est celle-là : le *lulz*, l'humour vache, et le *trolling*, cet art de la provocation qui consiste pour l'essentiel à polluer des discussions en ligne par la contradiction permanente et les arguments fallacieux. En se politisant, Anonymous ne s'est pas coupé de ses racines[165] – qui sont d'ailleurs moins éloignées de la politique qu'on pourrait le croire à première vue. C'est par le *trolling* que Vigdis, par exemple, est devenu pour quelque temps un Anon : « Je faisais ça sur des forums, pour tester les réactions. Ce que j'ai vu, c'est que les gens qui se font "troller" tentent de le cacher et censurent les commentaires qui ne leur plaisent pas. Ça m'a ouvert les yeux sur la censure et sur l'importance de la liberté d'expression. » Les voies de la prise de conscience sont parfois étonnantes.

165. Lire à ce sujet l'article de l'anthropologue américaine Gabriella Coleman, « Anonymous, du lulz à l'action collective », traduit et publié par Owni le 12 décembre 2011 [owni.fr/2011/12/12/anonymous-lulz-laction-collective-wikileaks-hackers].

Au-delà d'Anonymous, le *lulz* est un trait fondamental de la webculture, dont les avatars modernes de Guy Fawkes sont une expression parmi d'autres. Et pour les hacktivistes, l'humour est aussi un outil. « On accepte toutes les caricatures, tous les foutages de gueule, affirme Okhin, parce qu'on sait que nos adversaires ne les acceptent pas du tout. On va faire des opérations pas sérieuses du tout, comme exploiter une faille dans un système de filtrage pour faire passer des images de chatons. L'humour a toujours été une arme politique : dans les cours médiévales, le bouffon, c'était le seul qui pouvait rire du roi. Nous, on rit des gens, et aussi avec eux, on rit de nous-mêmes. C'est très important de ne pas se prendre au sérieux. »

Rire de tout, désamorcer, désacraliser. En ligne ou loin du clavier. À Breizh Entropy, le hackerspace de Rennes, on croise deux colocataires qui ont adopté une nouvelle copine : une petite rate baptisée Amesys – du nom de cette filiale de Bull qui a vendu en 2007 à la Libye un système de surveillance des communications[166]. « On a voulu réhabiliter le nom en le donnant à une jolie petite bête plutôt qu'à une saleté de boîte, explique en

166. Voir chapitre 2, « Circulez, y a tout à voir (ou presque) ».

riant l'un des propriétaires de l'animal. Quand on explique pourquoi elle s'appelle comme ça, du coup on raconte, on informe les gens. Mais bon, c'était pas intentionnel. » L'art de l'activisme par la bande…

Une chose est sûre : les structures traditionnelles sont de plus en plus bousculées, et contaminées, par les modes d'organisation, d'action et de communication des hackers, des hacktivistes et plus généralement du « peuple numérique ». Comme le dit Michael Seeman : « La communauté du Net, c'est une autre manière d'organiser le pouvoir. Parler de contre-culture, ou de contre-pouvoir, ça ne va pas assez loin. C'est une réinvention de la culture elle-même. »

L'élément perturbateur de l'information

Parmi les « cathédrales » contaminées par le « bazar » du réseau, les médias sont en première ligne. Logique puisque, comme le rappelle Bluetouff, l'un des fondateurs du site Reflets, Internet ne sert pas seulement à recevoir des données mais aussi à en émettre : « C'est la capacité offerte à chacun de devenir son propre média. » Aujourd'hui, les réseaux sociaux et les sites de partage de vidéos sont plus consultés que la presse en ligne. Et si, dans les faits, peu de nouveaux entrants sont véritablement parvenus à rivaliser avec les acteurs établis, la démocratisation du Net a considérablement abaissé les barrières à l'entrée du champ de la production d'information. Elle crée de nouveaux circuits et force à l'*aggiornamento*, même si les résistances persistent. « L'information, c'est un pouvoir à part entière, juge Malek Khadraoui, le rédacteur en chef du site de journalisme citoyen *Nawaat*. Elle a longtemps été l'apanage d'une élite, politique ou médiatique. Il s'agit aujourd'hui de la démocratiser. »

Nawaat travaille d'ailleurs depuis longtemps avec Reporters sans frontières : l'ONG de défense de la liberté de la presse s'est très tôt intéressée à la situation des blogueurs et des journalistes citoyens des régimes autoritaires, bien plus critiques vis-à-vis du pouvoir que les médias traditionnels. Et le travail du site tunisien a été reconnu par WikiLeaks, qui lui a livré en novembre 2010, deux mois avant le départ de Ben Ali, une trentaine de câbles diplomatiques concernant le pays.

Il faut d'ailleurs s'arrêter un moment sur l'impact de WikiLeaks. Le feuilleton judiciaire autour de sa figure la plus connue et les déboires du site lui-même – frappé depuis plus de deux ans par le blocage financier des dons opéré par Visa et MasterCard – feraient presque oublier l'essentiel : tout au long de l'année 2010, la petite entreprise de Julian Assange aura été la boule de bowling dans le jeu de quilles des médias dominants.

D'abord parce que l'ampleur des documents révélés est venue questionner toute une profession. Comme le dit abruptement Jérémie Zimmermann, le porte-parole de La Quadrature du Net : « Publier des documents qui, sous couvert de secret, cachent des agissements hors la loi de gouvernements ou d'entreprises, normalement c'est le boulot des journalistes. » « WikiLeaks a encouragé les médias à modifier leur approche, juge aujourd'hui celui qui en est le porte-parole officiel depuis l'arrestation d'Assange, le journaliste islandais Kristinn Hrafnsson. Ça les a poussés à revenir aux fondamentaux. Et notamment au plus important d'entre eux : l'information doit être libre. »

C'est aussi le circuit même de l'information qui s'en trouve impacté, et la pratique de l'investigation bousculée. Olivier Tesquet, journaliste à *Télérama* et auteur de *La Véritable Histoire de WikiLeaks*[167], parle ainsi de « perturbateur endocrinien », à l'image de ce qu'a pu être Napster dans le circuit de diffusion de la musique : « L'information n'est plus seulement descendante, d'une source autorisée vers un journaliste qui fait partie du sérail. WikiLeaks, c'est un acteur aux contours inédits qui vient se placer entre les sources et la presse, et remettre en cause une profession en lui disant : vous ne faites pas votre travail correctement. » D'où, d'ailleurs, des rapports parfois très tendus entre le site et ses partenaires de la presse traditionnelle, notamment les directions du *Guardian* et du *New York Times*, avec lesquelles il a fini par se fâcher pour de bon.

Après avoir sans doute fait bouger les lignes : en apportant des données brutes, et en négociant des accords avec plusieurs acteurs établis chargés de les traiter et de les mettre en forme, Assange et ses petits camarades ont mis en jeu des pratiques inédites, qui viennent heurter les logiques de concurrence. « Dans les valeurs hackers, il y a le partage de la connaissance, mais il y a aussi la collaboration, et quelque part, en négociant avec les grands médias

167. Olivier Tesquet, *La Véritable Histoire de WikiLeaks*, Owni Éditions, 2011.

pour leur donner accès à son matériau, WikiLeaks a mis ces valeurs dans la balance », résume Jérémie Zimmermann.

Pas de révolution copernicienne à effet immédiat, certes, mais à tout le moins des évolutions. Inéluctables, et probablement nécessaires : « Nous sommes dans une époque de transition, avance Kristinn Hrafnsson. Les médias dominants perdent de leur puissance, leur modèle économique et leurs pratiques sont battus en brèche. C'est une tendance qu'il est impossible d'arrêter. Certains épousent les changements en cours, d'autres se sentent menacés, et les combattent. »

WikiLeaks, et après ?

WikiLeaks a donc changé la donne. Mais bien malin qui pourrait, aujourd'hui, prédire son avenir. D'un point de vue purement financier, l'étau s'est desserré ces derniers mois, avec l'appui, depuis juillet 2012, du Fonds de défense de la neutralité du Net[168], une association française émanant du FAI associatif French Data Network, puis celui d'une nouvelle structure créée en décembre dernier aux États-Unis par des journalistes et des

168. [www.fdn2.org].

activistes de la liberté de la presse, la Freedom of the Press Foundation[169]. Les deux fondations récoltent désormais des dons pour le site. Pour autant, celui-ci a-t-il encore les moyens d'orchestrer des fuites massives ?

La question se pose à tous les niveaux. À commencer par celui des sources : le traitement infligé au soldat américain Bradley Manning, accusé d'avoir transmis à WikiLeaks les rapports militaires secrets des guerres d'Afghanistan et d'Irak ainsi que les télégrammes diplomatiques du *Cablegate*, et passible de la perpétuité, aurait de quoi décourager les vocations de « lanceur d'alerte ». Pourraient-elles, *a contrario*, en être paradoxalement stimulées ? C'est ce que veut croire Kristinn Hrafnsson : « Le cas de Bradley Manning montre aussi l'impact que peuvent avoir les lanceurs d'alerte, et la peur qu'ils inspirent au

169. [pressfreedomfoundation.org]. Parmi ses membres fondateurs, on trouve notamment Daniel Ellsberg, l'ancien analyste qui avait livré en 1971 au *New York Times* des documents top-secret du Pentagone à propos de la guerre du Vietnam, les *Pentagon Papers*, et l'incontournable John Perry Barlow de l'Electronic Frontier Foundation.

pouvoir. Ça peut encourager les gens à suivre de tels exemples. »

Mais quand bien même le site continuerait à être alimenté en documents confidentiels, il n'a plus forcément les partenaires pour leur donner toute la publicité souhaitée. Le « hack de l'information » opéré par WikiLeaks avec les *War Logs* et le *Cablegate* s'appuyait sur la force de frappe de grands médias – le *New York Times*, le *Guardian*, *Le Monde*, *El Pais*, *Der Spiegel*... – qui lui ont depuis quelque peu tourné le dos. Force est de constater que les fuites suivantes – e-mails de la société américaine de renseignement Stratfor, correspondance d'officiels syriens, documents internes d'entreprises de cybersurveillance – ont eu nettement moins de retentissement. Et s'il se dit « plutôt confiant » en l'avenir, et convaincu de la capacité de WikiLeaks à relancer la machine une fois sa situation financière éclaircie, Kristinn Hrafnsson lui-même n'exclut pas que « les fuites les plus massives appartiennent à l'histoire ».

Enfin et surtout, le destin du site semble désormais suspendu à celui de son fondateur. Or Julian Assange, réclamé par la justice suédoise pour une affaire d'agression sexuelle, est également visé par une enquête menée sous l'égide d'un grand jury américain, les e-mails de Stratfor ayant même suggéré l'existence d'un acte d'accusation secret[170]. Sa grande crainte est qu'une extradition vers la Suède, dans un premier temps, ne mène à une seconde extradition vers les États-Unis.

Une menace à laquelle il répond par une stratégie claire de rapprochement avec les « non-alignés ». En avril 2012, Assange lance une série d'émissions diffusées sur la chaîne anglophone Russia Today, soutenue financièrement par le Kremlin. En juin de la même année, il se réfugie à l'ambassade d'Équateur à Londres, et demande l'asile politique au président Rafael Correa – asile qui lui est accordé deux mois plus tard. L'Équateur, qui se classe dans la seconde moitié du tableau de la liberté de la presse dans le monde établi par Reporters sans frontières… Loin, très loin, de l'Islande, ce « paradis des médias » où la société Sunshine Press gère WikiLeaks au quotidien.

170. Voir Michael HASTINGS, « WikiLeaks Stratfor Emails: A Secret Indictment Against Julian Assange? », *Rolling Stone*, 28 février 2012 [www.rollingstone.com/politics/blogs/national-affairs/wikileaks-stratfor-emails-a-secret-indictment-against-assange-20120228].

Certes, rapprochement ne signifie pas allégeance. « Ni WikiLeaks, ni Julian Assange n'ont épousé un groupe de pays, ou une idéologie, assure Kristinn Hrafnsson. L'organisation conserve son but d'origine. Et l'enjeu est toujours d'accroître la transparence et de favoriser l'*empowerment* des individus. » Il n'empêche : l'effet d'affichage pose question. Pour Olivier Tesquet, « le calcul est malin mais risqué. Avec ses amitiés bolivariennes et anti-impérialistes, Assange se paie une protection diplomatique : de cette façon, il sauve sa tête, mais il condamne aussi peut-être son organisation, parce qu'il donne du grain à moudre à tous ceux qui voyaient dans WikiLeaks un véhicule de l'anti-américanisme ».

D'autant que médiatiquement, la figure d'Assange éclipse désormais le collectif. La faute aux journalistes, rétorque son actuel porte-parole – un peu lassé d'avoir dû, en novembre dernier, passer ses journées à répondre aux rumeurs sur l'état de santé de son prédécesseur, au lendemain d'une conférence de presse à Bruxelles dénonçant les pressions d'élus américains auprès de Visa et MasterCard, et la décision de la Commission européenne de ne pas enquêter sur le blocage financier. Quid de la responsabilité du principal intéressé, toujours en première ligne ? « La situation personnelle de Julian

Assange est extrêmement liée aux poursuites contre WikiLeaks », argumente Kristinn Hrafnsson. « Ça fait longtemps qu'autour de lui, on réclame un passage de témoin, avance cependant Olivier Tesquet. Mais lui n'y est pas prêt, apparemment. C'est cette ultra-personnalisation qui tuera ou a peut-être déjà tué WikiLeaks. »

Que le site se relève ou pas de cet imbroglio judiciaro-diplomatique, une chose est sûre : la formule a fait école. Depuis 2011, d'autres plates-formes sécurisées de recueil de données sensibles se sont montées. C'est d'abord un dissident de WikiLeaks, Daniel Domscheit-Berg, qui a initié un projet identique, OpenLeaks, sans grands résultats pour l'instant. Même Anonymous s'y est mis, avec le site Par:AnoIA[171], pour « Potentially Armed Research : Anonymous Intelligence Agency », puis le réseau décentralisé Tyler. En août dernier, des sympathisants de WikiLeaks ont à leur tour lancé l'Associated Whistleblowing Press[172], avec l'idée de mettre en place des plates-formes locales[173].

171. [www.par-anoia.net].
172. [associated.whistle.is].
173. Voir Pierre Alonso, « L'agence tous leaks », Owni, 29 août 2012 [owni.fr/2012/08/29/lagence-tous-leaks].

Les médias eux-mêmes ont retenu la leçon. De la chaîne Al Jazeera au site français Mediapart, en passant par la « Safe House » du Wall Street Journal – jugée « pathétique » par Kristinn Hrafnsson[174] –, les « coffres-forts numériques » permettant à des détenteurs d'informations de les transmettre sans risque se sont multipliés. « Du passage de WikiLeaks, il reste d'abord des techniques, des méthodes, juge Olivier Tesquet. Ça a permis au journalisme d'investigation de faire sa mue technologique, ou à tout le moins d'incorporer une réflexion sur les pratiques numériques. Aujourd'hui, toutes les rédactions qui font de l'investigation s'intéressent au datajournalisme et à la sécurisation des communications. »

Traverser les passerelles

À vrai dire, il était grand temps. Ainsi, du côté de Reporters sans frontières, on est parfois effaré du manque de prise en compte des enjeux liés à la

174. Les conditions de sécurité de la « Safe House » ont semblé dès l'abord assez relatives… Voir « Le Wall Street Journal lance un équivalent de WikiLeaks », LeMonde.fr, 6 mai 2011 [www.lemonde.fr/technologies/article/2011/05/06/le-wall-street-journal-lance-un-equivalent-de-wikileaks_1518235_651865.html].

sécurité numérique. Christian Mihr, le directeur exécutif de Reporter Ohne Grenzen[175], la branche allemande de l'ONG, mesure l'ampleur de la tâche : « J'ai travaillé avec des journalistes qui partaient, par exemple, en Biélorussie. J'ai été choqué de leur naïveté sur la question des moyens de communication. Ils n'avaient aucune idée de ce que signifie la sécurité des données, et du coup ils pouvaient mettre des gens en danger. »

Sur un terrain sensible, on pense à emporter un casque et un gilet pare-balles. Beaucoup moins à installer un VPN sur son ordinateur, à protéger ses disques durs et à chiffrer ses communications[176]. « On voit des journalistes qui sont prêts à aller en prison pour protéger leurs sources et qui envoient des e-mails en clair depuis le WiFi de l'hôtel dans un pays sous surveillance », se désole Lucie Morillon, qui dirige le bureau Nouveaux médias de RSF. Or il est déjà arrivé, rappelle la jeune femme, que des arrestations de journalistes aient pour conséquence d'en entraîner d'autres.

Même sous des cieux plus paisibles, la nécessité de protéger ses sources ne peut plus faire l'économie

175. [www.reporter-ohne-grenzen.de].
176. Voir chapitre 2, « Circulez, y a tout à voir (ou presque) ».

d'une mise à jour technologique. « On l'a bien vu avec l'histoire des fadettes du *Monde*[177], rappelle Kitetoa, le cofondateur de Reflets. Les journalistes ne sont pas forcément des techniciens, ils font toutes sortes d'erreurs qui risquent de mettre leurs contacts en péril. Ils ne comprennent pas encore qu'il ne faut pas parler au téléphone, qu'il ne faut pas communiquer en clair… Un e-mail, c'est quelque chose qu'il faut considérer comme potentiellement public. »

Communiquer de manière sûre et fiable : pour les journalistes, c'est une nécessité professionnelle ; pour les hackers, c'est un credo, une éthique. La rencontre était inévitable. Elle s'est faite assez naturellement, pas à pas. Fo0, l'un des agents Telecomix français, l'a constaté depuis deux ans et demi : « Des ONG, des journalistes sont venus nous voir pour nous poser des questions. Au départ,

177. Il s'agit des factures téléphoniques détaillées du journaliste du *Monde* Gérard Davet, chargé de l'affaire Bettencourt. Voir Fabrice LHOMME, « Affaire Bettencourt : les services secrets ont espionné un journaliste du *Monde* », *Le Monde*, 1er septembre 2011 [www.lemonde.fr/societe/article/2011/09/01/affaire-bettencourt-les-services-secrets-ont-viole-le-secret-des-sources_1566033_3224.html].

c'était un peu pour le buzz... On en a profité pour expliquer ce que c'était que le mot "hacker". Ils ont été très réceptifs, plus vite qu'on ne l'aurait cru. »

Reporters sans frontières a très vite saisi l'opportunité d'un rapprochement. Les premiers contacts se sont établis début 2011, à la faveur des printemps arabes. Et puis, de discussion en discussion, l'ONG s'est retrouvée à intervenir lors du Chaos Communication Congress, le grand raout annuel du Chaos Computer Club, en décembre 2011 à Berlin. « On s'est rendu compte qu'on avait un capital sympathie important dans cette communauté, raconte Lucie Morillon. Que beaucoup de hackers, d'hacktivistes, soutenaient notre mission et avaient envie de nous aider. »

Depuis le début de l'année 2012, RSF organise régulièrement, avec les hacktivistes de Telecomix notamment, des tables rondes et des ateliers de formation aux outils de la protection numérique. En novembre dernier, l'ONG a également lancé We Fight Censorship[178], un site web qui publie des documents censurés et/ou qui ont valu à leurs

178. [www.wefightcensorship.org].

auteurs d'être emprisonnés. « Un pied de nez aux gouvernements », sourit Lucie Morillon. WeFC peut être facilement copié pour créer des « sites miroirs », afin de contourner les dispositifs de filtrage. Avec l'idée d'utiliser le phénomène, bien connu sur la Toile, de « l'effet Streisand » : en 2003, la chanteuse Barbra Streisand avait tenté d'obtenir le retrait d'une photographie aérienne de sa maison, ce qui avait eu pour effet d'en augmenter très substantiellement la diffusion. « C'est la force d'Internet, souligne Lucie Morillon. Quand on essaie d'empêcher quelque chose de circuler, on multiplie son impact. »

We Fight Censorship dispose également de son coffre-fort numérique, un formulaire sécurisé et anonymisé qui permet de déposer des documents. Il a été dûment testé durant l'été par des hackers volontaires, chargés de faire la chasse aux failles de sécurité. « Le projet s'inspire clairement de WikiLeaks, explique Grégoire Pouget, membre du bureau Nouveaux médias. C'est vrai que dès qu'on parle de WikiLeaks, c'est un peu sulfureux, mais il y a un avant et un après. La différence, c'est qu'on n'est pas dans la donnée brute. » Chez Reporters sans frontières, on va trier, contextualiser et recouper les informations recueillies. « Un vrai challenge », pour Lucie Morillon, qui n'exclut pas des partenariats si l'afflux est important.

Pour l'ONG, il s'agit de se positionner comme une passerelle entre deux mondes qui ont « des intérêts convergents et des compétences complémentaires », résume Grégoire Pouget. Et de dépasser enfin cet « amalgame entre les hackers et les pirates informatiques » qui, comme le rappelle Stéphane Koch, membre du comité suisse de RSF, a longtemps porté préjudice aux premiers. Les choses avancent : « Cet univers qui était mal perçu est mieux connu, ou mieux reconnu aujourd'hui. On a besoin de coopérer, vraiment. »

Coopérer, pas seulement pour améliorer la sécurité des communications et la diffusion de l'information, mais aussi parce que l'information elle-même a beaucoup à y gagner. « On n'arrivera jamais, nous journalistes, à avoir des méthodes d'investigation du même type que celles des hackers, juge Kitetoa. On pourra s'en approcher, accéder à des données mal protégées, mais on n'aboutira jamais à une pénétration en profondeur de systèmes d'information, ou à des récoltes massives de documents comme avec WikiLeaks. Les journalistes n'ont pas attendu les hackers pour avoir des sources à la base de révélations, mais ces gens-là ont accès à des choses parfois étonnantes. »

Alors la promiscuité des deux univers se cultive. Depuis 1993, aux États-Unis, dans *Wired*[179], le « *Rolling Stone* de la technologie », dont Steven Levy, l'auteur de *Hackers: Heroes of the Computer Revolution*[180], est l'une des plumes. En France, c'est d'abord le magazine *Transfert* qui a tenté l'expérience, à partir de 1998. Faute de financements, il a dû jeter l'éponge fin 2003[181] – il avait peut-être un peu trop d'avance. À partir de 2009, c'est le site d'information Owni[182] – pour « objet web non identifié » – qui a repris le flambeau, et qui a notamment participé à l'exploitation des documents sortis par WikiLeaks concernant la guerre en Irak, puis de ceux relatifs au marché de la surveillance numérique. Avant de mettre à son tour la clé sous la porte, le 21 décembre 2012, faute

179. [www.wired.com].
180. *Op. cit.*
181. Ses archives sont toujours librement accessibles en ligne : [www.transfert.net].
182. [www.owni.fr]. Les archives sont également disponibles en ligne, sous licence Creative Commons.

d'avoir réussi à stabiliser son modèle économique. On attend la suite.

Autre expérience : début 2011, un ancien de *Transfert*, Kitetoa, a lancé avec le hacker Bluetouff le site Reflets, tout simplement parce que, disent-ils, aucun média ne publiait les articles qu'ils auraient voulu lire. *Don't hate the media, become the media*[183], comme l'a scandé le chanteur écolo américain Jello Biafra. Ouvert aux bonnes volontés, entièrement bénévole, Reflets s'est fait une spécialité des sujets qui agitent les communautés hackers : propriété intellectuelle, sécurité en ligne, cybersurveillance. Avec deux millions de pages vues au premier semestre 2012, il y a, d'après Kitetoa, « un lectorat prêt à lire des choses plus critiques, plus acides. On n'est pas là pour être neutres. On est là pour révéler des choses qui dysfonctionnent ».

Reste que si les convergences s'affirment, les relations entre les hackers et la presse ne sont pas toujours idylliques. Les méfiances persistent, d'un côté comme de l'autre. « Il y a pourtant un vrai besoin d'intégrer cette culture technique, insiste

183. « Cessez de haïr les médias, devenez les médias ».

Christian Mihr chez Reporter Ohne Grenzen. Mais les hackers ont parfois des raisons d'être méfiants. Certains journalistes ne les prennent pas au sérieux, il y a sans doute encore un problème culturel. »

Quant aux hackers eux-mêmes, ont-ils un intérêt particulier à fréquenter les journalistes, autre que celui de leur apprendre, *a minima*, à protéger leurs sources ? Chez Telecomix, on assume. Leur « Petit guide de création de *cluster* » le recommande explicitement : « Devenez amis avec des personnes évoluant dans le milieu des médias traditionnels. Invitez-les sur votre canal IRC, ils accrocheront en un rien de temps[184]. » « Un média, c'est un outil, un moyen de faire passer l'information, explique BaN. Si on émet un message, on veut qu'il passe le mieux possible. »

C'est, paradoxalement, un journaliste qui appuie – un peu – sur la pédale de frein. Pour Kitetoa, les hackers ont aussi beaucoup à perdre à communiquer avec les journalistes qui, dit-il, « ne font pas toujours attention et ne se posent pas les mêmes questions ». Avant de conclure, sybillin : « Mais c'est un autre sujet… »

184. [anontranslator.eu/2011/10/04/petit-guide-de-creation-de-clusters-genre-werebuild-eu-et-telecomix-org].

Autre convergence : celle qui se dessine, à petits pas là encore, entre hacktivistes et organisations non gouvernementales, qu'elles travaillent à la protection des droits de l'homme, à celle de l'environnement ou à la solidarité internationale. À la tête de l'agence Limite, qui conseille les ONG pour une « communication responsable » et a participé à ce rapprochement, Frédéric Bardeau l'a constaté : les passerelles se construisent, les réflexions sur les modes d'action s'approfondissent, et le réseau permet la mutualisation des compétences. Là encore, c'est affaire de culture commune. « C'est la défense des libertés, avance Nicolas Diaz, le webmaster de la FIDH. Communiquer librement sur des outils libres, ça fait partie des droits de l'homme. »

Et là encore, c'est le plan horizontal d'Internet qui rapproche les bonnes volontés, bien en amont des décisions hiérarchiques. Dans le cas de la FIDH, tout est venu de la rencontre entre Nicolas Diaz et des agents Telecomix – encore eux – de la région parisienne. Le garçon tâte lui-même depuis longtemps du logiciel libre, et ses cheveux longs ne dépareraient pas au milieu d'un hackathon : « C'est vrai que je me sentais un peu seul. Avec Okhin et

FoO, on a pu monter des projets ensemble, comme des envois de PirateBox sur le terrain. Aujourd'hui, on est capables de déployer des ateliers sur place pour former des activistes tunisiens, égyptiens… Et pour apprendre d'eux, aussi. »

Pour les ONG, la fréquentation des hackers et des hacktivistes présente un double intérêt. Il y a d'abord celui, très concret, d'améliorer la situation sur le terrain. « Dans les pays d'Afrique subsaharienne par exemple, explique Nicolas Diaz, la connectivité est très faible, les militants ont des PC et des systèmes complètement vérolés, ils ne peuvent pas travailler. À ces gens-là, il faut fournir un outil stable et sûr. C'est une question de sécurité et d'éducation. » Et de citer un militant burkinabé dont l'ordinateur sous Linux, installé il y a deux ans, fonctionne encore : « Si tu prends en compte les virus, les conditions climatiques, c'est un résultat probant. »

L'autre intérêt, c'est d'y gagner en souplesse, en spontanéité, en rapidité d'intervention, par le biais de nouveaux outils. Les environnementalistes de Greenpeace, spécialistes de l'action « coup de poing », réfléchissent à l'utilisation de l'attaque par déni de service, le DDoS, même si pour eux la question de la légalité se pose beaucoup plus crûment. Dans un tout autre genre, la vénérable Fondation de France a accordé, l'an dernier, une subvention de 60 000 euros à OpenStreetMap France, un projet de cartographie collaborative libre et ouvert[185].

Les interactions sont de plus en plus nombreuses, même si les obstacles sont réels, d'un côté comme de l'autre. Une ONG ne sera jamais un « bazar », rappelle Nicolas Diaz : « À la FIDH, on travaille sur des questions très sensibles. On parle de crimes de guerre, de massacres… Ce sont des gens élus, qui ont une responsabilité. Ce serait illusoire de croire à autre chose qu'à des processus de validation verticaux. »

Or pour les hackers, la lenteur des procédures est paralysante. Ils voient souvent les ONG comme des « pachydermes ». Et leur volonté de transparence ne cadre pas toujours avec des organismes aussi lourds et complexes. « Les hackers ont besoin de comprendre comment fonctionnent les ONG, ça fait partie de leur éthique, note Nicolas Danet. Tout le problème, pour elles, c'est d'être moins

185. Autrement dit, l'équivalent libre de GoogleMaps. Voir leur site : [www.openstreetmap.org].

"cathédrales", d'ouvrir leurs portes à des collectifs plus mouvants, sur certaines opérations. »

Au-delà, le besoin d'efficacité de l'action humanitaire ne peut pas toujours s'accommoder de la dimension ludique, ou à tout le moins curieuse, de la démarche hacker. « Il y a des degrés critiques, des degrés d'urgence, souligne Nicolas Diaz. En théorie, envoyer des drones sur des terrains de conflit pour filmer ce qui se passe, c'est une idée géniale[186]. Mais quand on est dans des contextes critiques, il faut savoir aussi sortir du fantasme. » Problème : les « bidouilleurs » mettraient-ils autant de bonne volonté s'ils agissaient autrement que pour le plaisir de découvrir et d'apprendre ? Seraient-ils aussi inventifs et réactifs s'ils se « professionnalisaient » dans ces domaines ? Rien n'est moins sûr…

Un « altermondialisme numérique » ?

Mais quels que soient les points d'achoppement, la tendance est là. Dès qu'entrent en jeu la liberté de communication et la souveraineté

186. Voir Sabine Blanc, « Drones d'intérêt général », Owni, 3 mars 2012 [owni.fr/2012/06/03/telecomix-syrie-ong-drone].

technologique, hackers et hacktivistes sont de la partie. Et les ponts ne se créent pas seulement avec les acteurs établis mais également avec les mouvements sociaux. Pas très étonnant, dans le fond : « Ceux qui sont activistes sur le réseau ont aussi une vie, avec les mêmes emmerdes que les autres », rappelle Kitetoa.

Pour le Pirate Oliver Höfinghoff, il y a ainsi un parallèle évident entre Anonymous et le mouvement Occupy. C'est le système qui est en cause, la distribution du pouvoir. De « Nous sommes légion » à « nous sommes les 99 % », c'est la multitude contre les élites. « Les politiques traditionnels ont oublié toute une génération, juge le député berlinois. Il y a une frustration qui s'exprime, qui se retrouve dans tous ces mouvements. »

Depuis le début de l'année 2011, on n'a cessé de voir les masques de Guy Fawkes dans les rangs d'Occupy, aux États-Unis, mais aussi dans les rassemblements d'Indignés en Europe. Et la contestation a bénéficié de l'inventivité des « bidouilleurs ». En Espagne, des hackers madrilènes ont mis en place des blogs et un réseau social, et développé plusieurs plates-formes et logiciels libres pour les occupants de la Puerta del Sol[187]. À New York, certaines manifestations ont été filmées par un joujou baptisé « OccuCopter »[188], un drone envoyé dans les airs par Tim Pool, jeune journaliste indépendant accro aux nouvelles technologies.

Convergence, encore : en France, en novembre dernier, une poignée d'agents Telecomix a décidé de soutenir les opposants au projet d'aéroport de Notre-Dame-des-Landes[189]. Au menu : mise à disposition de serveurs, formation des militants à la cryptographie, développement d'un réseau WiFi maillé sur la zone d'aménagement différé, rebaptisée « Zone à défendre » par ses occupants. Et aussi, plus prosaïquement, collectes de nourriture ou de vêtements. Pas seulement parce qu'ils jugent

---

187. Voir Ophélia Noor, « Espagne Labs : inventer la démocratie du futur », Owni, 6 juin 2011 [owni.fr/2011/06/06/espagne-labs-inventer-la-democratie-du-futur].
188. Voir Noël Sharkey et Sarah Knuckey, « Occupy Wall Street's OccuCopter – Who's Watching Whom? », *The Guardian*, 21 décembre 2011 [www.guardian.co.uk/commentisfree/cifamerica/2011/dec/21/occupy-wall-street-occucopter-tim-pool].
189. Voir Sabine Blanc, « Des hackers atterrissent à Notre-Dame-des-Landes », Owni, 6 novembre 2012 [owni.fr/2012/11/06/nddl-telecomix-des-hackers-atterrissent-a-notre-dame-des-landes].

le projet « aberrant et ruineux », mais aussi parce qu'ils ont trouvé, sur la ZAD, des modes de fonctionnement proches des leurs : « C'est une autre école du hack, toutes les constructions sont *do-it-yourself* avec du matériel de récupération, explique BaN. C'est aussi une autre forme d'autogestion. »

Serait-on en train d'assister à la naissance d'« altermondialistes numériques » ? L'expression avait été employée par Frédéric Bardeau et Nicolas Danet pour sous-titrer leur ouvrage sur Anonymous. Dans les faits, dit le premier, Anonymous ne l'est jamais devenu, car la nébuleuse ne s'est jamais structurée. Mais l'idée d'un « altermondialisme numérique » est aujourd'hui revendiquée par les hackers de Tunis, pour qui le développement d'alternatives technologiques via le logiciel libre est un prolongement naturel des alternatives politiques et économiques. L'association HackerScop a notamment travaillé, comme l'explique Aymen Amri, à « l'extension du Forum social mondial sur Internet, pour faire en sorte que ceux qui ne sont pas présents puissent assister aux débats et les enrichir ».

La collaboration, pour les plus technophiles des animateurs du FSM, tombe sous le sens. Mohamed

Jribi, militant altermondialiste depuis le début des années 2000, a notamment participé en 2004 à la mise en place des infrastructures de traduction pour le Forum social mondial de Mumbai, à travers le projet Nomad. Il s'agissait d'échapper aux options commerciales, extrêmement chères, et de proposer des solutions libres. « L'idée, c'est de recentrer la technologie dans le mouvement social, explique-t-il. De se réapproprier le savoir. Là-dessus, on se rejoint avec les hackers. »

Mais si les objectifs peuvent effectivement se rejoindre, « l'internationale du hack », ce n'est vraiment pas pour demain. En témoigne notamment le vif débat qui a eu lieu en France, à l'automne 2012, sur le site Reflets, suite à la publication d'une interview de Frédéric Bardeau, sous le titre « L'hacktivisme doit changer de posture ».[190] En question, notamment, l'absence de structuration, ou à tout le moins de « métastructure » chez les hacktivistes français. Mais qui dit métastructure dit centralisation *a minima*, volonté d'assumer un rôle politique, établissement d'un consensus. Et

190. [reflets.info/frederic-bardeau-lhacktivisme-doit-changer-de-posture].

c'est là, sans doute, que la logique de l'activisme et celle de l'hacktivisme divergent le plus fortement.

Entre des hackers qui ne se considèrent pas comme des hacktivistes, des cybermilitants qui ne sont pas des hackers, ou encore des hacktivistes qui n'ont pas pour ambition de changer le monde mais simplement d'améliorer les outils de communication, le panorama des défenseurs des libertés numériques est vaste et contrasté. D'autant que tout ce petit monde revendique, précisément, la décentralisation et la diversité. « Oui, il y a une communauté du Net, analyse le blogueur allemand Michael Seeman, mais ce n'est pas un groupe bien défini, et d'ailleurs elle ne se voit pas comme un groupe. Hackers, blogueurs, activistes des médias sociaux sont connectés, ils ont en commun le partage, la liberté d'expression, parce qu'ils ont la même expérience du réseau. Mais si on parle de communauté du Net, beaucoup de gens diront : je ne souscris pas à cette idée, je suis juste sur Internet. »

Point de vue conforté par ce que nous dit, par exemple, Julien Rabier, le jeune vice-président de la Fédération FDN : « À l'image d'Internet, il n'y a pas de centre, pas de hiérarchie, mais des gens qui œuvrent dans leur coin. Si on veut continuer à gagner des batailles, il faut justement garder cette diversité. Qu'on discute ensemble, qu'on s'échange de l'information, mais qu'on n'essaie surtout pas de reproduire des schémas du passé. » Pour lui, comme pour beaucoup d'autres, ce serait se condamner à l'épuisement et à la sclérose. Le changement passera donc plus sûrement, et plus modestement, par la pollinisation. Par le travail commun, la contamination virale, l'entrée de hackers et d'hacktivistes dans ces « cathédrales » que sont les médias, les ONG, ou le champ politique.

Aux États-Unis, il est d'ailleurs une « cathédrale » qui a bien compris tout l'intérêt de recruter des as de la bidouille : c'est l'armée, qui vient désormais faire son marché lors des grands rassemblements dédiés au hack. Le général Keith Alexander, le patron de la NSA, est ainsi intervenu en personne lors de la dernière édition de la conférence DefCon, fin juillet 2012. Ce qui ne laisse pas d'inquiéter la porte-parole du Chaos Computer Club, Constanze Kurz, persuadée qu'une bonne partie de la communauté hacker américaine est désormais perdue pour la cause : « On ne mord pas la main qui vous nourrit », lâche-t-elle.

Les pouvoirs s'intéressent aux hackers. Les contre-pouvoirs, eux, ont manifestement beaucoup à gagner à fréquenter les hacktivistes de plus près, et à apprivoiser leurs outils. Eux-mêmes ne se verront pas toujours, loin de là, comme un contre-pouvoir ; quand bien même ils agiraient pour contourner les pouvoirs en place, quand bien même ils œuvreraient à la réappropriation, à l'*empowerment*. Le « bazar », l'horizontalité, la do-ocratie, le goût du jeu, le fonctionnement à l'envie et à la curiosité, sans nécessairement se soucier du point d'arrivée : ce sont là leurs limites, mais ce sont là, aussi, leurs forces motrices. C'est ce qui les fait explorer, avancer, détourner, contourner, là où d'autres abandonneraient. C'est ce qui les fait inventer, comme le dit Nicolas Danet, « non pas un grand soir, mais plein de petits lendemains ».

Conclusion

Mais où on va, comme ça ?

« Nous sommes en train de créer un monde où chacun, où qu'il soit, peut exprimer ce qu'il croit, quel que soit le degré de singularité de ses croyances, sans devoir craindre d'être forcé de se taire ou de se conformer. [...] Nous allons créer une civilisation de l'esprit dans le cyberespace. Puisse-t-elle être plus juste et plus humaine que le monde qu'ont construit vos gouvernements auparavant[191]*. »*

191. John Perry Barlow, « Déclaration d'indépendance du cyberespace », 1996. Voir introduction, « Le changement, c'est maintenant ».

Ce n'est pas en vain que John Perry Barlow et sa si poétique « Déclaration d'indépendance du cyberespace » nous ont accompagnés tout au long de ces pérégrinations en terres hackers, hacktivistes et cybermilitantes. Car à l'heure d'y mettre un terme – et de laisser le lecteur entamer, qui sait, son propre voyage –, il faut le relire encore une fois, ce texte, et se dire sans doute qu'en bon visionnaire, Barlow avait, en 1996, à la fois tort et raison.

Le cyberespace indépendant – la « zone d'autonomie », pour reprendre l'expression de l'écrivain américain Hakim Bey[192] –, beaucoup de mes inter-

192. Voir Hakim Bey, *Zone d'autonomie temporaire, TAZ*, Éditions de l'Éclat, 1997. Le texte, sous licence libre, est également disponible sur Internet sur le site de l'éditeur : [www.lyber-eclat.net].

locuteurs y ont renoncé. Avec, parfois, une pointe de nostalgie. Mais il faut se rendre à l'évidence : Internet, désormais, c'est chez tout le monde. C'est un espace public, une agora permanente. Le politique l'a rattrapé, ce qui n'est pas illégitime. La régulation, sont-ils nombreux à juger, est nécessaire. À condition qu'elle se fasse au profit du plus grand nombre, qu'elle préserve les libertés, et qu'elle n'instaure pas des dispositifs d'exception contraires à l'exercice de ces libertés.

C'est la dystopie, la « contre-utopie », qui aujourd'hui nous guette, disent-ils. Le spectre d'un monde sous surveillance, soumis à la censure et à la répression. Dans ce monde-là, ils ne seraient pas les plus mal lotis : eux sauront toujours crocheter les serrures, habitués qu'ils sont à évoluer dans le *cypherspace*, cette partie chiffrée, et indéchiffrable, du cyberespace. Mais ils n'en veulent pas. Ni pour eux, ni – surtout – pour nous.

Ce monde-là leur fait peur. Ils le voient se déployer chaque jour un peu plus. Ils tentent, à leur manière, d'inverser le courant. Beaucoup sont certains qu'ils finiront par y arriver, ou s'en convainquent : pessimisme de l'intelligence, optimisme de la volonté, pour citer la belle formule d'Antonio Gramsci. Ils affirment que l'intérêt collectif finira par l'emporter sur les intérêts particuliers. Ils se demandent, simplement, combien de temps ça prendra. Et combien de dommages collatéraux.

Ils continuent à rêver d'un Internet libre, même s'il faut pour cela, un jour, le reconstruire de toutes pièces. Ils rêvent que chacun d'entre nous ait la possibilité, s'il le souhaite, de modeler son propre réseau, ses propres machines. Que chacun garde le contrôle sur ses données. Que chacun puisse produire ce dont il a besoin.

Les voilà, par la force des choses, sur le devant de la scène. Ils l'ont un peu cherché, ils ne l'ont pas vraiment voulu. Parce qu'ils sont des humains comme les autres, ils sont parfois tiraillés entre l'envie de rester entre eux et le besoin, inscrit en eux depuis les balbutiements de l'éthique hacker, de transmettre ce qu'ils savent. Ils voudraient être une école décentralisée, un aiguillon. Ils disent souvent que « tout le monde devrait être un hacker ».

Les voilà aussi, par la force des choses, perçus différemment. Parce que leurs compétences sont nécessaires, parce qu'elles sont mises à profit par de plus en plus d'acteurs établis, ils font, aujourd'hui, de moins en moins peur. Ils sont devenus presque « tendance ». Il y aura toujours, sans doute, quelques articles alarmistes, quelques reportages anxiogènes à leur sujet, entretenant la confusion et les amalgames avec les *bad guys* du piratage de compte bancaire. Mais ils le sentent : le vent a tourné.

Leur éthique depuis longtemps pollinise le reste de la société, à la faveur des développements du réseau. Mais on assiste probablement à un changement d'échelle. Libre communication, partage, transparence, *empowerment* : ces mots-là se font entendre aujourd'hui partout sur la planète, parce qu'ils sont des exigences citoyennes, avec lesquelles les « bidouilleurs » entrent plus que jamais en résonance.

C'est évidemment une chance. C'est aussi un risque, celui de la dilution. Le potentiel des hackerspaces et des FabLabs ne se réduit pas à une jolie imprimante 3D montrée un soir en direct sur le plateau d'un journal télévisé, pour convaincre le chaland qu'il pourra un jour réparer tout seul les jouets du petit dernier. Qu'ils le veuillent ou non, les hackers portent en eux le germe de la subversion politique, celle d'une nouvelle distribution du pouvoir, et du savoir. Seront-ils, un jour, rattrapés par le *mainstream*, le courant dominant ? Sécréteront-ils alors une nouvelle contre-culture ?

Une nuit d'août 2012, dans la chaleur de C-base, à Berlin. J'ai arrêté de regarder l'heure, et je ne compte plus les canettes de Club-Mate. Je viens de discuter avec Jürgen Neumann à propos de Freifunk, cette communauté du WiFi libre qui construit des réseaux là où Internet est encore embryonnaire, et dont il est l'un des porte-parole. La fatigue aide aux confidences. Sans ce mouvement, me dit-il, il ne sait pas ce qu'il serait devenu. Il sait bien qu'il participe, par ce qu'il fait, à sa « mainstreamisation ». Avec tous les risques de récupération, de perte de substance, que ça suppose : il dit que le rock a vécu ça, que cette contre-culture a été phagocytée par la culture dominante, qu'elle s'est assagie. Moi aussi, me dit-il dans un sourire, je vais participer du processus. J'y participe déjà par ma seule présence.

Je demande alors : « Que faire d'autre ?

— C'est vrai, me répond-il, que faire d'autre… »

C'est ainsi, le monde change. Les hackers changent le monde. Et le monde, inévitablement, les change en retour.

Jusqu'où, comment, et à quel prix ? Cette histoire-là n'est pas encore écrite.

Remerciements

L'idée de ce livre ne me serait sans doute jamais venue sans la confiance spontanée de Sam et d'une petite poignée d'Anonymous, rencontrés un soir d'hiver dans un recoin d'Internet.

Elle a mûri au cours de longues et passionnantes conversations avec un *cluster* d'amis journalistes, pour la plupart anciens membres d'équipage de la soucoupe Owni (R.I.P. et bonne route, l'aventure continue).

Les pages qui précèdent doivent également beaucoup à la disponibilité de quelques compagnons de nage de la « méduse » Telecomix, et tout particulièrement à KheOps et Okhin.

Hackers a été hébergé ici et là, au gré de mes pérégrinations, par KheOps, BaN, Ali Hentati et Nicolas Kayser-Bril, à qui je ne désespère pas de rendre un jour la pareille.

Il a été (ac)couché sur le papier, pour sa plus grande part, dans une chambre rose et blanche à quelques kilomètres de La Rochelle, avec le soutien attentif de mes parents, qui ont paré au nécessaire, comme toujours.

Il a bénéficié d'une brique supplémentaire ramenée de New York par Thomas Rozec, des encouragements chaleureux de Guillaume Ledit et des regards perçants de Sabine Blanc et de Jean-Marc Manach, tous quatre pouvant donc, désormais, me demander n'importe quoi. #oupas ;)

Il ne serait rien sans la grande ouverture de tous ceux et toutes celles qui ont accepté de répondre à mes questions.

Qu'ils en soient tous profondément remerciés.

Bibliographie indicative

Steven Levy, *Hackers: Heroes of the Computer Revolution*, Anchor Press, 1984.

The Mentor, « The Conscience of a Hacker (The Hacker Manifesto) », 1986. Texte intégral disponible dans les archives du webzine Phrack [www.phrack.org/issues.html?issue=7&id=3&mode=txt].

John Perry Barlow, « A Declaration of the Independance of Cyberspace », 1996. Texte intégral disponible sur le site de l'Electronic Frontier Foundation [projects.eff.org/~barlow/Declaration-Final.html]. Traduction française disponible sur le site Reflets [reflets.info/john-perry-barlow-et-sa-declaration-dindependance-du-cyberespace].

Eric S. Raymond, *The Cathedral & the Bazaar*, O'Reilly, 2001.

Frédéric Bardeau & Nicolas Danet, *Anonymous : Peuvent-ils changer le monde ?*, FYP Éditions, 2011.

Olivier Tesquet, *La Véritable Histoire de WikiLeaks*, Owni Éditions, 2011.

Sabine Blanc & Ophélia Noor, *Hackers : bâtisseurs depuis 1959*, Owni Éditions, 2012.

Chris Anderson, *Makers: The New Industrial Revolution*, Signal, 2012.

Julian Assange avec Jacob Appelbaum, Andy Müller-Maghun et Jérémie Zimmermann, *Cypherpunks. Freedom and the Future of the Internet*, OR Books, 2012.

Sommaire

Au diable vauvert

Documents

CLÉMENTINE AUTAIN, collectif
Postcapitalisme
COLLECTIF
Vote FN : pourquoi ?
ANGELA DAVIS
Les Goulags de la démocratie
ÉVELYNE PIEILLET, EDGARD GARCIA
Une histoire du rock pour les ados
MAGALI GIOVANNANGELI, JEAN-LOUIS SAGOT-DUVAUROUX
Voyageurs sans ticket
PATRICK HERMAN
Les Nouveaux Esclaves du capitalisme
CLINTON HEYLIN
Babylon's burning
MARK LYNAS
Marée montante
VINCENT RAVALEC, MALLENDI, AGNÈS PAICHELER
Bois Sacré, initiation à l'iboga
SIMON REYNOLDS
Bring the Noise
CHARLES SILVESTRE
La Torture aux aveux
MARTIN WINCKLER
Les Miroirs obscurs
HOWARD ZINN
Une histoire populaire des États-Unis pour les ados,
vol. 1 : 1492-1898 – La conquête
vol. 2 : 1898-2006 – Les conflits
coffret 2 volumes
SLAVOJ ŽIŽEK
Violence

Cet ouvrage a été imprimé
en février 2013 par

FIRMIN-DIDOT

27650 Mesnil-sur-l'Estrée
N° d'impression : 114885
Dépôt légal : février 2013

Imprimé en France